図解

いちばんやさしい哲学の本

沢辺有司

彩図社

はじめに

哲学とは、「知恵を愛する」ことです。〝本当のこと〟を知ろうとすることです。

――自分がいるこの世界ってなんだろう？

――自分はなぜ生きているんだろう？

――そもそも、自分の存在ってなんだろう？

みなさんは、こんなことを考えたことはありませんか？

こんな素朴な疑問に対して、**〝本当のこと〟を知ろうとしたことから哲学ははじまっています。**

本書では、みなさんと同じように、こんな疑問と向き合った西洋の「哲学者」と呼ばれる人たち、32人の思想をまとめています。

古代ギリシアから現代まで、**主要な哲学者の思想のポイント**を、図解も交えながら、ていねいに解説しています。

「哲学」というのは、突然、なんの前触れもなく生まれているものではありません。そこに至るまでの〝流れ〟というものがあります。

デカルトはなぜ、「我思う、ゆえに我あり」という命題に至ったのか？　そこに至る流れがわかると、哲学が少し身近な存在になるでしょう。

本書では、哲学者同士のつながりや歴史的背景をふまえながら、この〝流れ〟というものを大事に追っています。

哲学者の思想には、なるほど、というものがいっぱいあります。

――ものの見方は、人によってちがう

――こうして考えている自分は、間違いなく存在する

――このリンゴは、他の人もあると言うのだから、あると言える

少なくとも、〝本当のこと〟と思わせる力があります。〝本当のこと〟がわかると、自分の思考様式が変わります。そして、世界の見え方が変わります。

読了後、窓の外の世界は、昨日までとは少しちがった表情をしているかもしれません。

図解　いちばんやさしい哲学の本　目次

第1章　哲学をつくった哲学者

第2章　近代思想をつくった哲学者

第3章　近代思想を揺るがした哲学者

第4章　現代思想を導く哲学者

第1章

哲学をつくった哲学者

本章を読むにあたって

古代ギリシアでは、ギリシア神話によってこの世界のことがすべて説明されていました。

これに対し、「神話にたよるのではなく、自分たちでこの世界を説明してみよう」というところから、哲学が興《おこ》ります。

ですから、**最初の哲学は、「この世界はなにからできているのか？」というところから考えはじめます。**

タレス、ヘラクレイトス、デモクリトス、ピタゴラス、といった人たちがこの問いに答えていきます。

やがて哲学は、政治・経済・文化の中心地であるアテネで発展していきます。アテネの広場（アゴラ）では、ソフィストと呼ばれる知識人らが激しい議論をぶつけあいながら、この世界の真理を探し求めました。

そんななか、プロタゴラスは、結局は「ものごとの考え方や見方は、人によってちがう」と言いだしました。いわゆる相対主義です。これによって真理を探し求めることそのものの意味が失われかけました。

そんなとき登場したのが**ソクラテス**です。彼は**「無知の知」**という考え方によって真理を探し求めることの重要性を訴え、もう一度、哲学を揺り動かします。

ソクラテスの真理への探究心は弟子たちに受け継がれ、プラトンは理想を描き、アリストテレスは現実をつぶさに見つめました。

アリストテレスは、それまでの知識を体系的にまとめるという多大な業績をあげますが、それはかえって知識の発展を妨げる面もありました。そのため、これ以降は、ソクラテス、プラトン、アリストテレスを超える哲学者は生まれていません。

その後、アレクサンドロス大王の遠征によって完全に衰退に追い込まれたアテネでは、ゼノンの禁欲主義やエピクロスの快楽主義といった、それまでとはタイプのちがう、よりふつうの人々の生き方を見つめた思想が生まれています。

【世界の根源を考えた最初の哲学者】

タレス

紀元前624年頃～紀元前546年頃。イオニア地方のミレトス出身。天文学や数学、測量術など、さまざまなことを研究した。著作はなく、哲学史家ディオゲネス、ラエルティオスらがその思想を伝える。

港町ミレトスからはじまった

「万物の根源は水である」

これは哲学者タレスの言葉です。

アリストテレス（P40参照）は、著書『形而上学《けいじじょうがく》』のなかで、「哲学の祖はミレトスのタレスである」と言っていますから、これが**哲学史上最初の言葉**ということになります。

タレスは、古代ギリシアのミレトスの人です。古代ギリシア哲学というと、アテネからはじまったというイメージがありますが、実は発祥の地はミレトスです。

ミレトスは、エーゲ海をはさんで、ギリシア本土の向かいにあるイオニア地方の海沿い

哲学が生まれたのはミレトスという港町だった

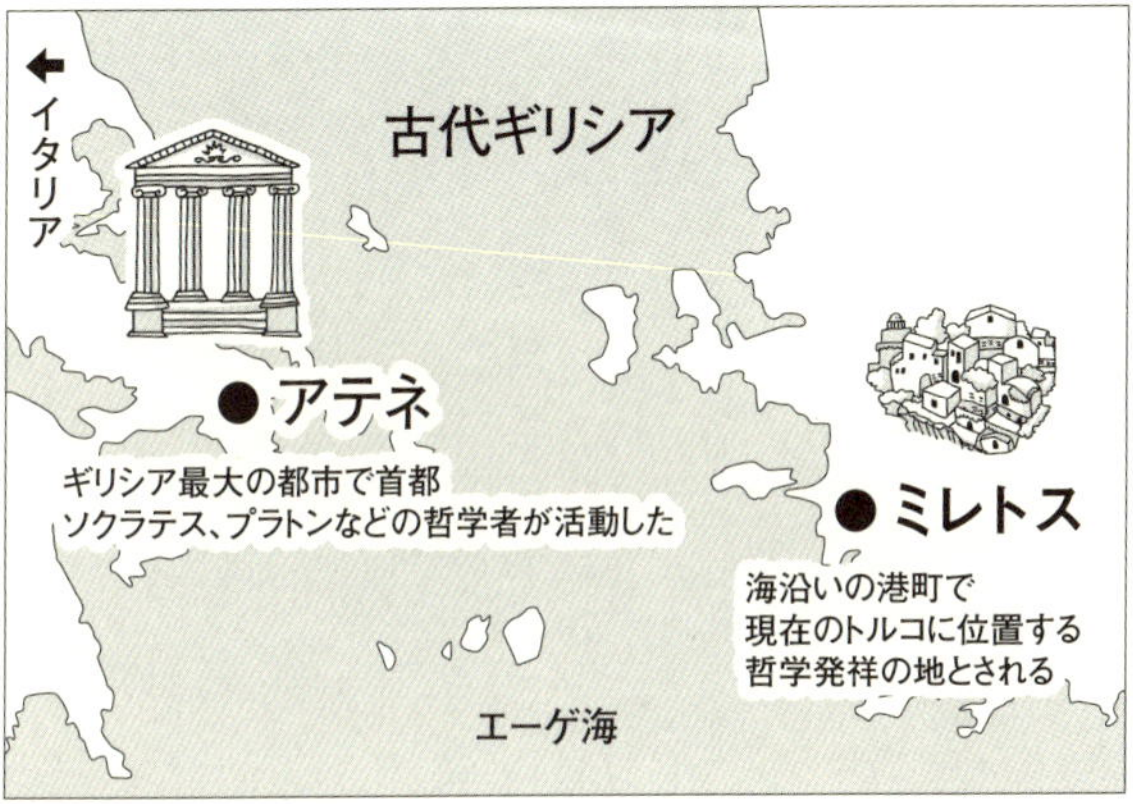

古代ギリシア
← イタリア
アテネ
ギリシア最大の都市で首都
ソクラテス、プラトンなどの哲学者が活動した
ミレトス
海沿いの港町で
現在のトルコに位置する
哲学発祥の地とされる
エーゲ海

の町で、いまのトルコにあたります。

「万物の根源は水である」とは、「この世界のすべてのものは、水からできている」ということです。

ちなみに、「万物の根源」をギリシア語で言うと、「アルケー（arkhē）」です。だから、少し言いかえると、「アルケーは水である」となります。

脱・神話

では、哲学の歴史のなかでこの言葉がもつ意味を考えてみましょう。

先に結論を言ってしまうと、この言葉は、**「なんでも神様によってこの世界のことを説明するのはやめよう」**ということを意味しています。

なぜか？

それまでのギリシア人は、「この世界はなにからできているのか？」なんてことは考えることはありませんでした。

なぜなら、この世界のことは、古来伝わるギリシア神話によってすべて説明されていたからです。

タレスと同じくミレトスで活躍した詩人ホメロス（前8世紀頃）は、『イリアス』や『オデュッセイア』という長編叙事詩をまとめたとされていますが、これらの物語では、ギリシアの英雄や王族たちの姿が描かれると同時に、主神ゼウスや大地の神ポセイドンなど、いろいろな神様たちが登場します。そして、そのなかで人間たちの運命は、神様たちの手にゆだねられているのです。

たとえば、「王様の耳はロバの耳」という話。主神ゼウスの息子アポロンよりも牧神パンのほうが笛がうまいと言ったミダス王は、アポロンの怒りをかって、ロバの耳に変えられてしまいます。

このように、神様ぬきになにかを語ることは無理でした。

ところが、タレスの言葉「万物の根源は水である」を見ると、どこにも神様が登場しません。タレスは無神論者ではないし、ギリシア神話を否定していたわけではないですが、とりあえず、「この世界のことは神様ぬきで考えよう」としたのです。

これがタレスの優れていたことです。

神様ぬきで世界のことを考えたとき、それが世界で最初の「哲学」となりました。

ちなみに、「哲学」は、ギリシア語では「フィロソフィア」と言います。「フィロ＝愛する」と「ソフィア＝知・知恵」で、「知恵を愛する」を意味しています。「ソフィア（知恵）のある者」が「ソフィスト」です。

「フィロソフィア」が日本に入ってきたのは江戸末期で、そのときに「希哲学《きてつがく》」と訳され、やがて「哲学」と呼ばれるようになりました。

神様は絶対的でないことに気づいた

では、なぜタレスは、「神様ぬきで考える」という発想ができたのか？

これは、最初にふれた地理的な話で説明できます。

タレスの住んでいたミレトスは、ギリシア人たちが海を渡ってやってきて住み着いた土地で、いわば植民地です。厳密には、都市レベルの大きさなので「植民市」と言います。

もともとギリシアではないので、ギリシア文化の影響はあまりなく、自由な気風がありました。

だからタレスも、ギリシアの神々のことをいったん脇において、自分の興味の赴くままに考えにふけることができたのです。

また、ミレトスは港町ですから、エジプトやイタリアなど、地中海に面するさまざまな地域と交易をしていました。

そして、いろいろなちがった文化が入ってきました。

ちがった文化とふれあうことで気づくことはなんでしょうか?

自分たちの文化が唯一絶対ではないということです。

どこの文化圏においても「ギリシア神話」が信じられていると思っていたら、そうではなく、神様は国や地域によってちがうことに気づきます。

すると、自分たちの神様に対する信頼が少し揺らぎます。

神様は絶対的なものではない。では、どこの国や地域にも通用するもの、どこの国や地域にも通用する真理はあるのだろうか?

ここから、「万物の根源は～」と考えるようになったのです。

なぜ「水」だったのか？

ところで、「万物の根源は水である」というと、なにか思いつきで言ったのではないかという気がします。これでしたら、だれでも同じようなことが言えそうです。でもタレスは、思いつきで言ったわけではありません。それはタレスにまつわるいろいろな逸話を聞けば納得できるはずです。

タレスは、天体観測をして日蝕を予言したことがありました。オリーヴの収穫量を予想して、オリーヴ搾り機のレンタル業でお金を稼いだこともありました。

また、蛇行する川の流れの弱いところを見極めて、軍隊を無事に向こう岸に渡らせたということもありました。タレスは優れた科学者であると同時に、優れた実務家でもあったのです。

タレスは、いつも自然を熱心に観察していました。

するとわかったことがあります。

動物でも植物でも種子でも、生あるものは熱をもっていて、湿り気がありますが、枯れた植物や死んだ動物は、乾いて干からびていきます。

湿り気のもとにあるものは「水」です。つまり、すべて生あるもののもとには「水」が

哲学最初の言葉はこうして生まれた

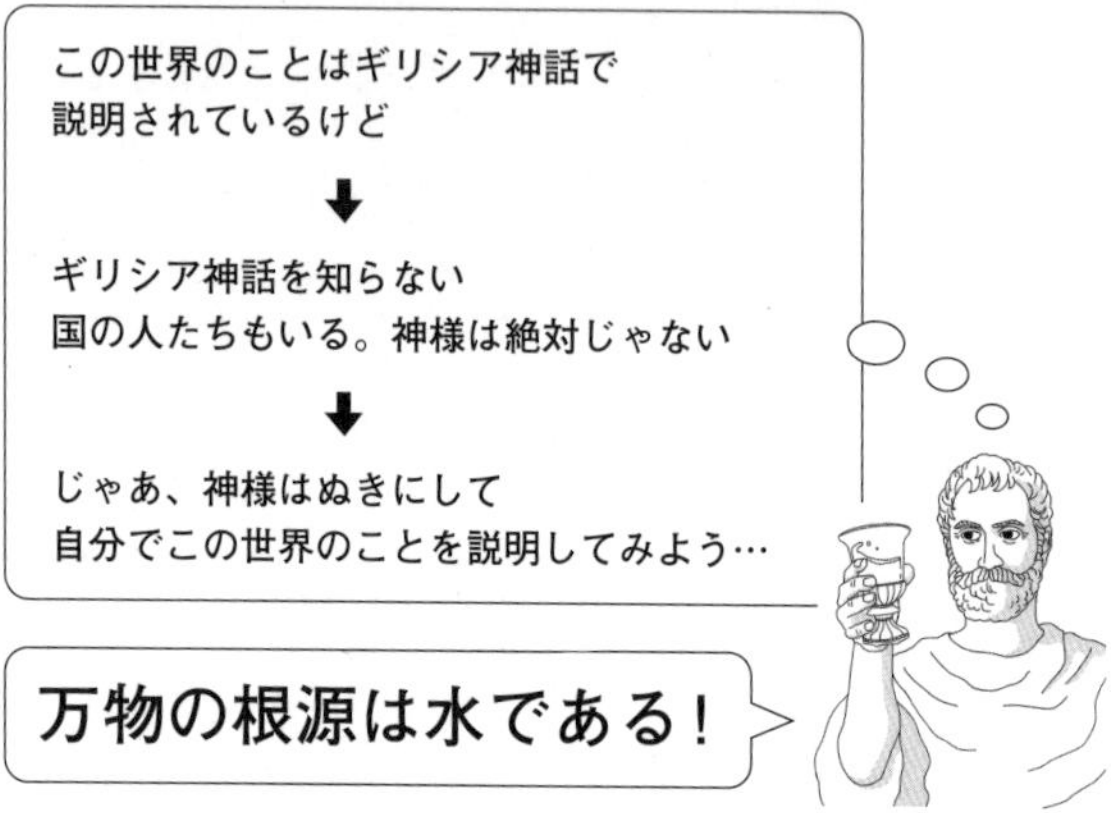
この世界のことはギリシア神話で
説明されているけど
ギリシア神話を知らない
国の人たちもいる。神様は絶対じゃない
じゃあ、神様はぬきにして
自分でこの世界のことを説明してみよう…
万物の根源は水である！

あると考えられたのです。

そこから、「この世界のすべてのものは、水からできている」と導きだしました。

タレスは、「水」を特別なものと考えていたようで、「大地は水の上に浮かんでいる」とさえ言っています。

今では小学生に笑われてしまいそうな考えですが、どんな説も思いつきではなく、きちんと観察にもとづいて導いたものだったのです。

このように、タレスの哲学の出発点は自然科学にあるので、彼の哲学は**「自然哲学」**とも呼ばれています。

タレスにつづいた哲学者たち

最後に、タレスに続いた人たちをおさえておきましょう。

「問い」はいつも同じで、「万物の根源はなにか？」です。

タレスの弟子にあたるアナクシマンドロスは「無限なるもの」、アナクシメネスは「空気」と答えました。

また、ヘラクレイトス（前５４４頃～？）は「火」、デモクリトス（前４６０頃～前３７０頃）は「原子（アトム）」、ピタゴラス（前５８２頃～前４９７頃）は「数」と答えています。

ソクラテス

【「無知の知」で真理を求めよう！】

紀元前469年頃～紀元前399年。ギリシア・アテネ出身。重装歩兵として3度、戦場へ赴いた。著作はないが、プラトンの『ソクラテスの弁明』『饗宴』、クセノフォンの『ソクラテスの思い出』などがその思想を伝える。

無知の知、とは？

ソクラテスの哲学といえば、**「無知の知」**です。これはどういうことかというと、**「自分がいかに無知であるかを、知りなさい」**ということです。

いま風に言えば、「知ったかぶりはやめよう」ということですが、では、知ったかぶりをやめて、知らないことは知らないと素直になればいいかというと、そうではなく、その先があります。

知らないことを自覚したら、その知らないことをとことん追求して、これだ！　という真理を追い求めよう。

このような意図が込められているのです。

ソクラテスの「無知の知」には、真理への熱い思いがあるのです。

プロタゴラスの相対主義が流行

まずは、ソクラテスが住んでいたアテネの様子を見ておきましょう。

アテネはギリシアの中心地で、当時、最強のポリスでした。ポリスとは「都市国家」のことで、いまの東京や大阪が、そのまま「国」として機能していたイメージです。

ポリスの構造は単純で、真ん中に「丘」（アクロポリス）があり、丘のうえに「神殿」があり、丘のふもとには「広場」（アゴラ）があります。いまのアテネを訪れてみてもこの構造はだいたいそのまま残っています。

アテネは当時もっとも民主政治がすすんでいた国でしたが、いまの日本の民主政治とはちがっていて、だれもが平等に政治に参加できるわけではありませんでした。

貴族・平民・奴隷という3つの身分があり、政治に参加できるのは、貴族と平民の男性だけでした。女性は立場的にはほとんど奴隷と同じでした。

働いていたのは奴隷です。貴族と平民は、戦争があれば重装歩兵として戦いましたが、平時はやることがありません。広場に集まって、議論して時間をつぶしました。議論していると、自然とそのなかに先生のような人が現れます。この先生が「ソフィスト」（P19参照）と呼ばれる人です。

ソフィストは、政治の知識を教えたり、あるいは、どうやったら議論に勝てるか（弁論術）を教え、その見返りとして授業料をとりました。ちなみに、ソクラテスはこうした授業料をとっていなかったといわれています。

前5世紀、ギリシアはペルシア帝国との戦争に勝ちました。この戦争で中心的役割をになったアテネはポリスのなかで存在感を増し、最盛期を迎えました。

ところがその後、アテネはライバルのポリスであるスパルタとの戦争で敗れてしまいます。約30年にわたるこの厳しい戦いのなかで、アテネの町は荒廃していきました。その場の流れや力の強い人の都合で決められる無責任な政治（衆愚政治）に陥り、人々の道徳意識は低下していきました。そして、アゴラの議論はたんに議論に勝つことを目的とした中身のないものとなりました。

この時期の有名なソフィストに、プロタゴラスがいます。プロタゴラスといえば**「相対主義」**ですが、それを表す言葉がこれです。

「人間は万物の尺度である」

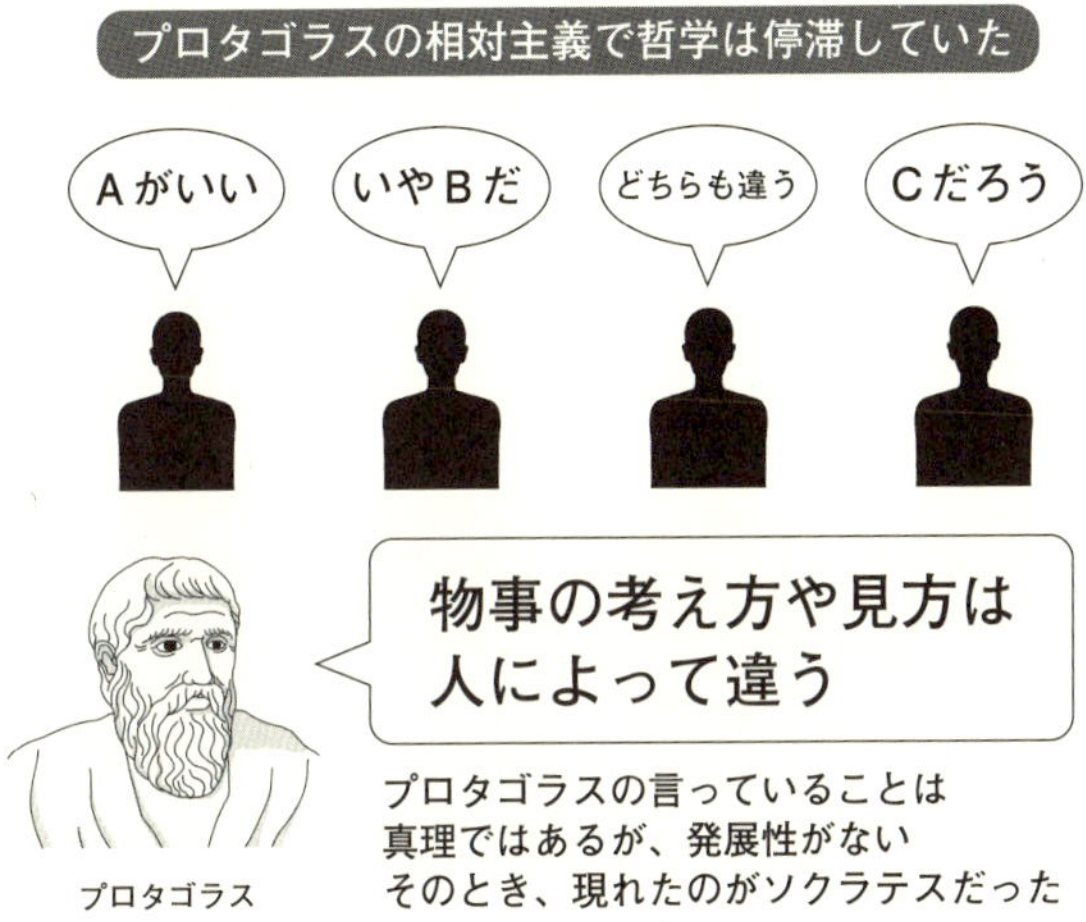
プロタゴラスの相対主義で哲学は停滞していた
Aがいい
いやBだ
どちらも違う
Cだろう
物事の考え方や見方は人によって違う
プロタゴラスの言っていることは
真理ではあるが、発展性がない
そのとき、現れたのがソクラテスだった
プロタゴラス

つまり、「物事の考え方や見方は、人によって違うよ」ということです。これを言われたら、相手はなにも言い返せません。

プロタゴラスの一つの功績は、視点の転換をやってのけたことでしょう。それまでのギリシア哲学は、「万物の根源は〜」と、「この世界はなにからできているのか」を考えていました。つまり、外の世界に目がむいていました。

ところがプロタゴラスは、「それは見る人間によってちがう」と、人間に目をむけたのです。簡単に言うと、哲学で考える対象を、「世界」から「人間」へと大きく転換させたのです。

ところが、「物事の考え方や見方は、人によって違う」となると、なにも議論は前にすすみませんし、絶対的な真理にも行き着きません。

こうして哲学は最初の袋小路に入り込んでしまったわけです。この危機を解決しようとしたのが、ソクラテスでした。

対話によって無知を自覚させる

ソクラテスが40代のとき、デルフォイの神託がありました。これはデルフォイというポリスのアポロン神殿の巫女がだす「神のお告げ」で、古代ギリシア人にとって絶対的なお告げでした。

その内容は、「ソクラテスより知恵のある者はいない」というものでした。

自分より知恵のある者はたくさんいると思っていたソクラテスは驚きましたが、かといって、神託が間違っているとも思えません。

そこでソクラテスは、知恵があるといわれる人々に会って、対話してみることにしました。するとわかったことがあります。自分より知恵のある人は大勢いましたが、彼らはすべてを知っているわけではなかったのです。

では、自分と彼らとの決定的なちがいはなにかというと、それは、**自分は知らないことを**

自覚しているが、彼らは知らないことも知ったつもりでいる、ということでした。

「ソクラテスより知恵のある者はいない」の意味は、「ソクラテスは自分の無知を自覚しているという点において、彼よりも知恵がある者はいない」ということだったのです。

これが、「無知の知」ということです。

ソクラテスは、人々に自分の無知を自覚してもらうため、多くの人と対話しました。対話というより、質問攻めです。

たとえば、「徳とはなんですか？」と聞きます。すると、いろいろな答えが返ってきますが、「では、いずれの場合にも共通する徳とはなんですか？」と聞きます。相手は答えに窮し、自分の知恵のなさに気づきます。

対話の目的は、相手のプライドを傷つけることではありません。**無知を自覚してもらうこと**です。

それによって「徳そのもの」、つまり「徳の本質」を求めるように働きかけるのです。

最初にふれたように、このような真理への希求が「無知の知」の意味です。

ソクラテスは、衆愚政治やプロタゴラスの相対主義でストップしてしまった人々の思考を、もう一度、揺り動かしました。

死から逃げなかった

ソクラテスの最期を見届けておきましょう。

有名なソフィストとなり、影響力をもつようになったソクラテスですが、スパルタとの戦争後の政変に自分の弟子たちがからんでいたことから、一部の政治家から敵視されるようになりました。

そして、「アテネの神々を信じない」「青年を堕落させた」という2つの罪で告訴され、人民裁判では３６０対１４０の票で、死刑が宣告されてしまいます。

執行まで30日ほどの猶予がおかれました。これは当時としては異例なのですが、そもそも告訴した人たちも、死刑まではのぞんでおらず、弟子も含めただれもが、ソクラテスは執行猶予中にアテネの外に逃げてくれるものだと思っていました。

ところがソクラテスは逃げることなく、すすんで毒杯をあおいで、死んだのです。

なぜ死んだのか？

これは哲学史上最大の謎です。

ソクラテスは、魂は不死のものと信じていたので、なにも死を恐れることはないと考え、それを実践したのでしょうか？　または、最期までアテネへの忠誠を示そうとしたのでしょ

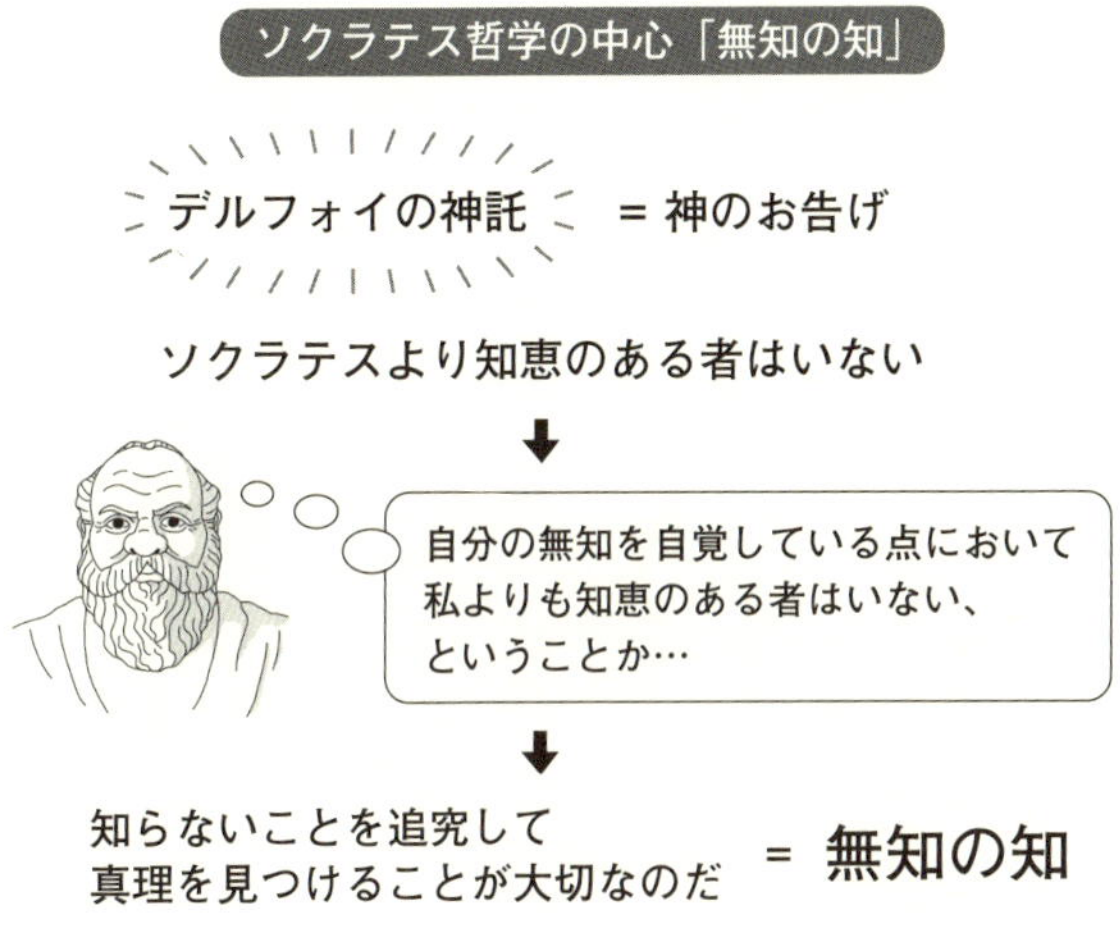
ソクラテス哲学の中心「無知の知」
デルフォイの神託 ＝ 神のお告げ
ソクラテスより知恵のある者はいない
自分の無知を自覚している点において
私よりも知恵のある者はいない、
ということか…
知らないことを追究して
真理を見つけることが大切なのだ
＝ 無知の知

うか？

16世紀フランスの哲学者、モンテーニュはこう言っています。

「その死以上にソクラテスの生涯にとって輝かしいことは他にない」

その死がなかったら、ソクラテスはこれほど後世までインパクトを残せなかったかもしれませんし、その死をもってはじめてソクラテスの哲学は完結したと言えるのです。

プラトン

【ものの本質（＝イデア）はどこにある？】

紀元前427年～紀元前347年。ギリシア・アテネ出身。アテネの名門貴族の血を引く。政治家を志すがソクラテスの弟子となり、その言動を伝える。アリストテレスの師にあたる。主著に『国家』がある。

イデアは存在する

ソクラテスは、「無知の知」によって、人間の視点から「ものの本質」を追究することを大事にしました。このような「ものの本質」を求める作業を引き継いだのが、弟子のプラトンです。

ごく簡単に言ってしまうと、プラトンは、**「ものの本質」＝「イデア」**と言い換えます。

突然、「ものの本質」＝「イデア」と言い換えられても困りますが、「イデアは、現実の世界にはなく、どこか別の世界にある」というのがポイントです。しかも「イデアは仮想のものではなく、絶対に存在する」と考えます。

プラトンのイデア論

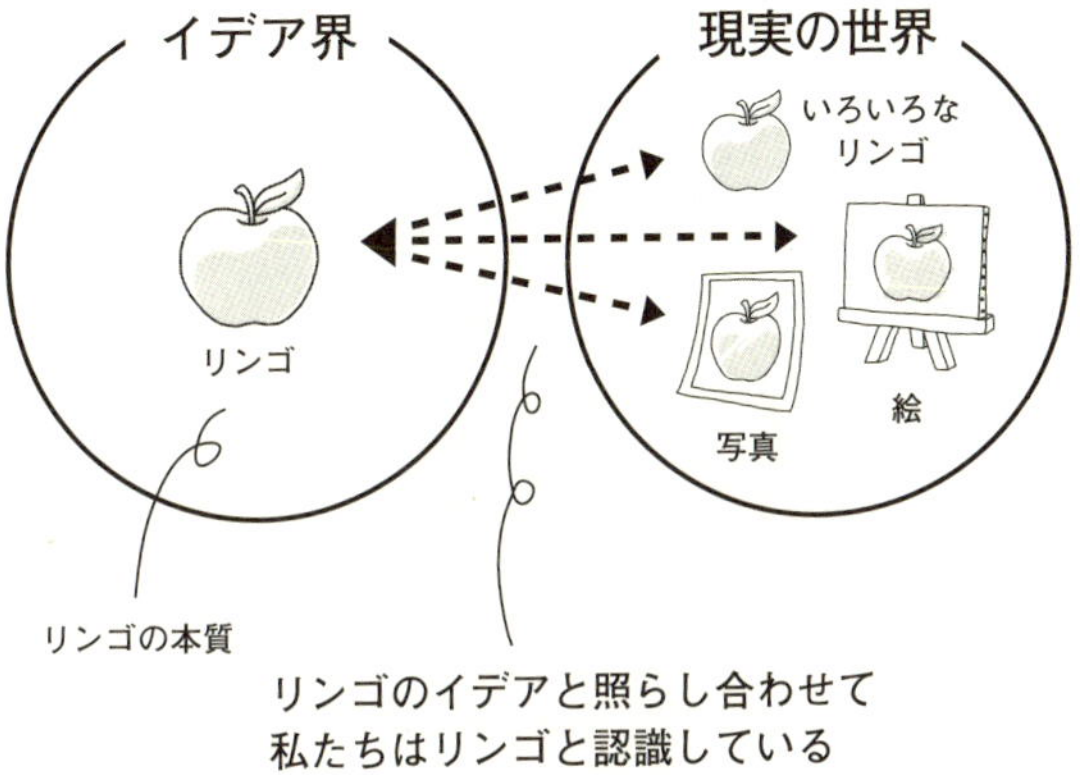
イデア界
現実の世界
いろいろな
リンゴ
リンゴ
写真
絵
リンゴの本質
リンゴのイデアと照らし合わせて
私たちはリンゴと認識している

たとえば、ここに「リンゴ」があったとします。私たちはどうして、これを「ナシ」でも「ミカン」でもなく、「リンゴ」と認識できるのか？

これはよくよく考えてみると難しい問題です。「リンゴ」といっても、一つひとつは同じではありません。色や形、大きさなど、それぞれ微妙にちがいます。また、絵に描いた「リンゴ」や、写真になった「リンゴ」もあります。それでも、「リンゴ」と認識できます。私たちは、なにをもとに「リンゴ」と認識しているのでしょうか？

この問題に対してプラトンは、「リンゴ」という「イデア」を考えました。

リンゴの本質にあたるイデアがある。私たちは、このリンゴのイデアと、現実のリンゴを照らし合わせて、リンゴと認識している。

プラトンは、こう考えました。

さて、先ほど「イデアは絶対に存在する」と言いましたが、では、リンゴのイデアはどこに存在するのか？

それは、**イデア界**です。

イデア界には、リンゴやナシやミカンといった具体的なモノのイデアから、徳や勇気、正義など、抽象的な概念にあたるイデアがあります。

私たちの魂は、もともとイデア界に住んでいましたが、現実の世界に落ちてきて肉体をもちました。このとき、不幸にもイデアのことは忘れてしまいました。ところが、現実の世界でそれに近いものを見ると、かつて見たイデアを思い起こします。これによって、それぞれのものを認識できるというのです。

以上が**プラトンのイデア論**です。

「イデア界／現実の世界」の二元論と整理できるかもしれませんが、プラトンの考えでは、「現実の世界はイデア界の影にすぎない」というものでしたから、「イデア界∨現実の世界」と書いたほうが正確かもしれません。

哲学者が国を統治する

プラトンは、アテネの名門貴族の出身です。もともと政治家をめざしていましたが、スパルタとの激戦の果てに衆愚政治に陥るアテネの凋落を目の当たりにして政治に幻滅します。

そんななかソクラテスの哲学に出会って弟子になりますが、あろうことか、そのソクラテスは、自分が幻滅したアテネの民主政治によって死においやられてしまいます。

ソクラテスの死後、プラトンは弟子という立場から身の危険を感じて、アテネを離れてイタリアやエジプトを遍歴します。そのなかでイデア論を確立していくわけですが、政治への情熱は消えることはありませんでした。

プラトンは、国のあり方を考えます。そのとき当然ですが、幻滅した民主政治とは反対の方向をむきました。

民主政治は、だれもが政治に参加できます。お金があっても、お金がなくても、頭がよくても、頭が悪くても、トップに登り詰める可能性がだれにでも開かれています。これはいいことなのですが、たとえば、国を治める能力もないような人がお金の力でのしあがって、国を統治することは、果たしていいことなのでしょうか？

そこでプラトンは、国のトップには優れた人物を想定しました。その人物は、国を統治するために必要な本物の知恵がある者です。

では、本物の知恵がある者とはだれか？

それが哲学者です。それも、「イデア」という「ものの本質」を探求する哲学者です。

「国を統治する者には、哲学者がなるべきである。もしくは、現在の統治者が哲学を学ぶべきである」

プラトンはこう考えました。これが「哲学者王」が国を統治する**「哲人政治」**です。

プラトンの共産主義

プラトンは、哲学者王が統治する国に3つの階級をおきました。

①政治を行う「統治者階級」、②軍人や役人などの「防衛者階級」、③必要な物資の生産にあたる「生産者階級」の3つです。

支配者層は、①「統治者階級」と②「防衛者階級」にあたります。通常、どんな国でも、支配者層は、被支配者層よりも恵まれた暮らしが約束されているものですが、究極の理想の国家を考えたプラトンは、それを許しません。

民主政治を否定したプラトンの哲人政治

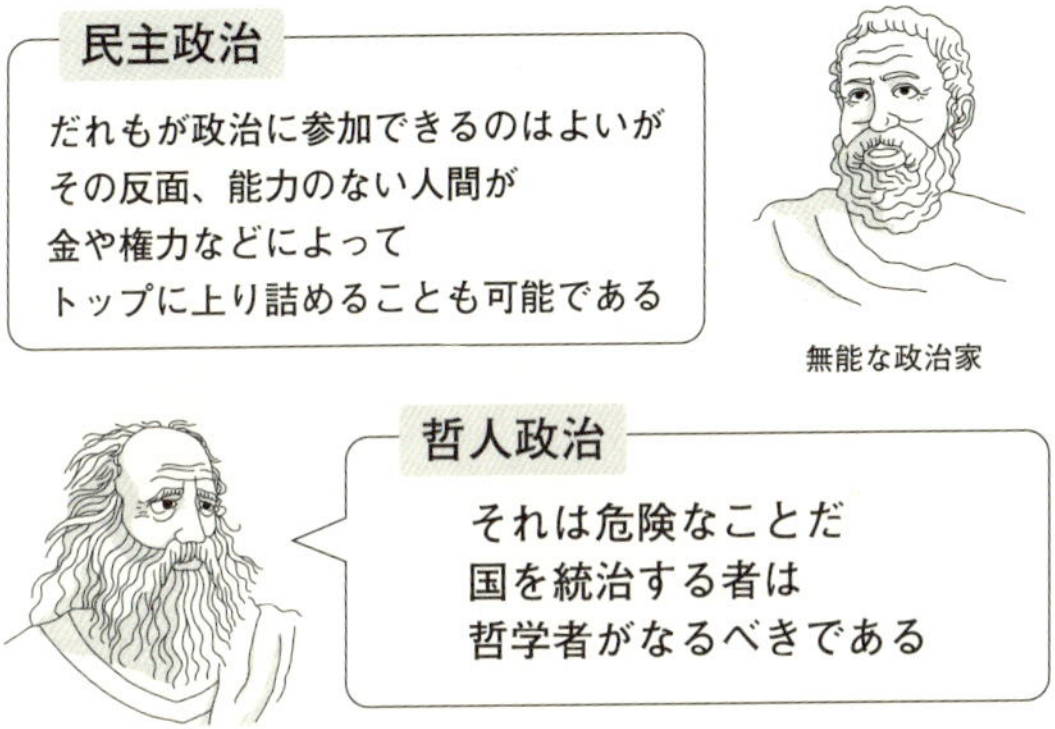
民主政治
だれもが政治に参加できるのはよいが
その反面、能力のない人間が
金や権力などによって
トップに上り詰めることも可能である
無能な政治家
哲人政治
それは危険なことだ
国を統治する者は
哲学者がなるべきである

支配者層には、共同生活を課します。そのうえ、私有財産を認めません。「自分のもの」はなく、すべてのものは仲間と共有します。報酬は、ちょうど生活に必要な分を与えられるだけです。

これでは彼らの人生はなにが楽しいのかわかりません。けれど、それでいいのです。彼らには、国民を幸福にすること以外に個人の幸福はないのです。

かなり酷な話ですが、支配者層は、イデアを探求する哲学者王の予備軍にあたる人たちですから、そんな世俗的な悩みを乗り越えた人たち、ということなのでしょう。

このようにプラトンは、共同生活・ものの共有など、共産主義の考え方を採り入れましたが、これは現代の共産主義とは少し性格が異なります。

現代の共産主義は一般に、被支配者層に対して不平等な財産の配分をなくして、貧しい人をなくすことがめざされています。

しかしプラトンの共産主義の場合、支配者層のところに対して共同・共有の考え方を採り入れ、お金の影響なく政治ができるようにしています。

こうした考えの背景には、お金の力で権力者が決まってしまうことがあった、アテネの民主政治に対する反省があったのです。

女と子供は共有する

ところで、プラトンの共産主義的な国家論を読みすすめると、ぞっとするような話に出くわします。

プラトンは、支配者層に私有財産を認めないとしましたが、それればかりか、「家族を認めない」としているのです。

妻や子供は「自分のもの」ではなく、「みんなで共有すべき」としています。

女たちのすべては、男たちに共有され、同棲も結婚も認められません。生まれてきた子供は、親のもとで育てられるのではなく、託児所で国家のために育てられます。

このとき、優れた子は養育するが、劣った子は国家に無用とばかりに、闇に葬り去られる、と恐ろしいことも述べられています。

このようにプラトンが家族の廃止まで考えた理由の一つは、ポリスの人口を大きくも小さくもならないように統制することでした。

そしてもう一つは、国家のために有能な人材を供給することでした。

恐ろしい面もあわせもつプラトンの理想国家ですが、これは理想として語っただけではなく、実践に移すことも考えられていました。

その拠点が、前387年、アテネ郊外に建てられた学園**「アカデメイア」**です。まさに哲学者王を養成するための学校でした。

ちなみに、アカデメイアとは「アカデミー（academy＝高度な教育機関）」や「大学」の語源となっています。

このアカデメイアで育成されたスーパーエリートが**アリストテレス**です。

【たった一人で世界のことを説明した】

アリストテレス

紀元前384年〜紀元前322年。マケドニア王国出身。プラトンの弟子にあたる。アレクサンドロス大王の家庭教師を務める。著作の多くは、自身の学園での講義録にあたる。主著に『ニコマコス倫理学』『形而上学』がある。

イデア論を否定した

アリストテレスは、ギリシアの北方にあったマケドニア王国の出身です。若いときにアテネにやってきて、プラトンの学園アカデメイアで学び、教師も務めました。

プラトンの弟子にあたるわけですが、**プラトンの哲学については否定**しています。

そう聞くと、「とんでもない弟子だな」と思うかもしれませんが、哲学者は真理を追究する者ですから、先生の説であろうと、気を遣わず、間違っていると思えば間違っていると言う、これが正しい姿勢です。ソクラテスも、「私の考えを否定することを恐れるな」と言っています。

アリストテレスの説いた「形相」とは？

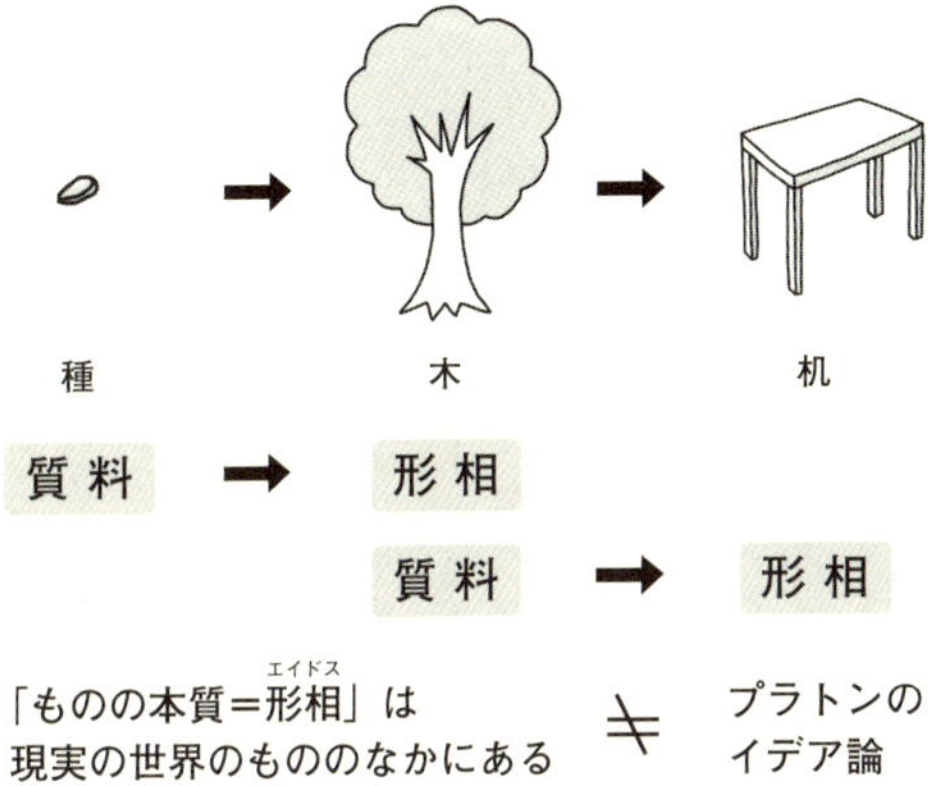
種
木
机
質料
形相
質料
形相
「ものの本質＝形相《エイドス》」は
現実の世界のもののなかにある
≠
プラトンの
イデア論

　では、なにを否定したのか？

　プラトンのイデア論では、イデア界が存在することを想定していましたが、これを否定しました。

　なぜなら、イデア界があること自体が確認できないからです。それに、この現実の世界では、次々と新しいものが生まれています。

　たとえば、自動車が出てくるのは近代のことですが、自動車もあらかじめイデア界にあったというのは、説明として無理があります。

　では、イデア界がないとなると、プラトンが探求した「ものの本質」というのはどこにあるのか？

　これに対してアリストテレスは、現実の

世界のそれぞれの「もの」にあるとしました。このときアリストテレスは、**「ものの本質」を「形相《けいそう》（エイドス）」と呼びました。**

つまり、プラトンが「イデア」と呼んだものを、現実の世界のそれぞれの「もの」にあるとして、それを「形相」と言い換えたわけです。

「形相」という日本語もわかりにくいですが、簡単に言えば、「かたち」と考えてください。「もの」が「かたち」になるには、そのための素材が必要です。この素材のことを、アリストテレスは**「質料（ヒュレー）」**と呼びました。

ものができる順番としては、「質料」→「形相」ですね。

さらにアリストテレスは、ものの状態をさす言葉を加えます。

「質料」は「形相」になる可能性があるので、このことを「可能態（デュナミス）」と呼びました。そして現実に「形相」になった状態を「現実態（エネルゲイア）」と呼びました。

たとえば、種は質料で、木になる可能態にあります。木という形相になった状態が、現実態にあたります。さらに木は机になる可能態でもあります。

このように、アリストテレスの言葉を使うと、現実のものがどのように生成したり、変化するのかがうまく説明できます。

イデア論が静的であったのに対し、アリストテレスの思想は動的で、より現実の世界にあった説明をしていたと言えます。

ところで、ソクラテスやプラトンは、人間の視点から「ものの本質」を考えようとしましたが、アリストテレスにおいては、その人間の視点があいまいになっています。

アリストテレスは、人間の視点を持ち込むことなく、「世界とはなにか」をより客観的に、普遍的に言い表そうとしています。この点にも注意しておきましょう。

どの政治体制もダメになる

アリストテレスは、プラトンのイデア論だけでなく、**さまざまな政治体制も否定**しました。

まず、3つの政治体制を体系的にまとめ、そのうえで、それぞれの政治体制がどう変化するのかを動的に考察しています。そして結論として、そのすべての政治体制を否定しています。

①君主制：たった一人の人間が統治する君主制は、トップの王がプラトンの言う哲人のような存在ならいいですが、そうでない場合は問題です。権力におぼれた王は、独裁政治

に突き進む危険性があります。

②貴族政治：一部の富裕層が行う貴族政治は、権力が分散して独裁政治を回避することができます。しかし、権力闘争や派閥闘争に明け暮れ、本来の政治がおろそかになる危険性があります。

③民主政治：民主政治は、だれでも政治に参加できるよさはあります。しかし、大衆というのは一時の感情や欲望に流されやすく、衆愚政治に陥る可能性があります。これはアテネが経験したことです。

こうして見ると、どの政治体制も腐敗する運命にあります。このことを、アリストテレスはすでに2000年以上も前に見切っていたのです。民主政治についても、これを最良の政治体制だと考えがちですが、現在、欧米や日本で格差を生み出している例を見るまでもなく、最良の政治体制とは言えないのです。

では、どうすればいいのか？

アリストテレスは、これらの中間をとることをすすめています。これは**「中庸（メソテース）」**という考え方で、**「極端なものをとるのではなく、かといって妥協点をとるのではなく、そのときどきの最適なものを選ぶ」**というものです。

中庸の政治体制を提唱したアリストテレス

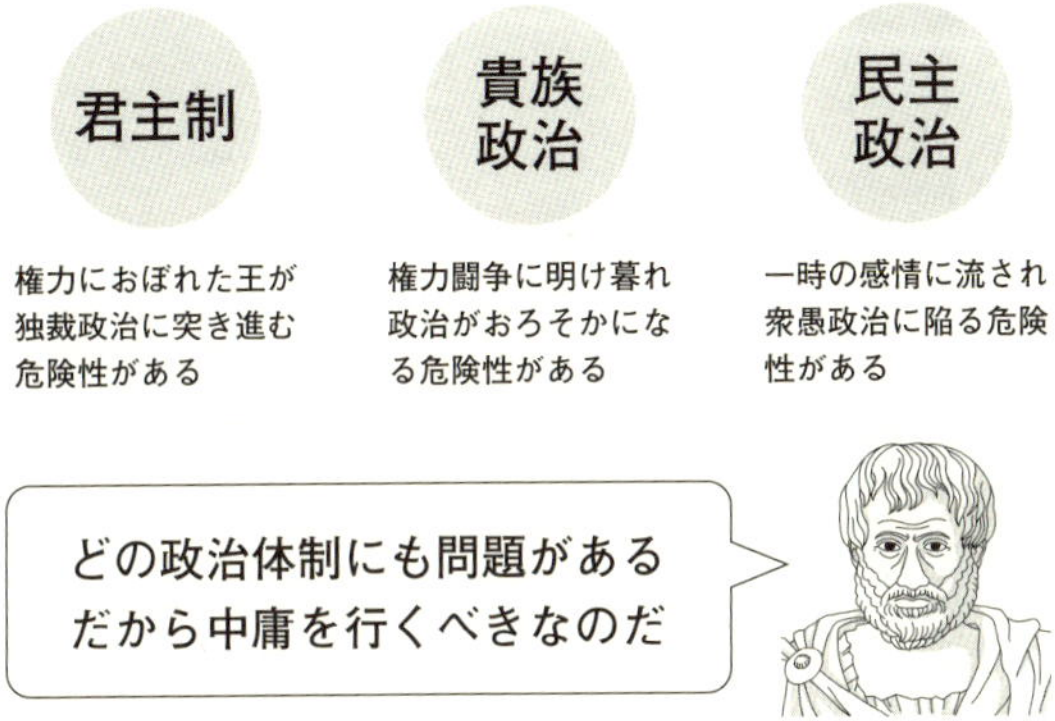
君主制
権力におぼれた王が独裁政治に突き進む危険性がある
貴族政治
権力闘争に明け暮れ政治がおろそかになる危険性がある
民主政治
一時の感情に流され衆愚政治に陥る危険性がある
どの政治体制にも問題がある
だから中庸を行くべきなのだ

プラトンは理想の国家を語りましたが、アリストテレスはやはりここでも、現実的な国のあり方を模索していたのです。

世界のことを全部説明した

アリストテレスは、タレスからプラトンに至るまでのギリシア哲学を総括して、体系的にまとめました。哲学だけではありません。彼は、自然学、動物学、天文学、気象学、文学など、あらゆる分野において、対象を事細かく分類して体系的にまとめあげました。

アリストテレスはたった一人で、世界を説明してしまったのです。

これは素晴らしい功績です。しかし、それがあまりにもよくできていたので、**学問の発**

展にはマイナスに作用しました。アリストテレスの思想を批判できる人が現れなかったため、その思想が固定化されてしまったのです。

ギリシア哲学の歩みも鈍くなってしまいました。それまでは、過去の哲学を批判しながら、新しい思想が次々と生まれていたのですが、そうした活力が失われてしまったのです。もちろん遠因として、ポリス自体の凋落もあります。

アリストテレス以降、ギリシア哲学はいくつかの流派にわかれていきますが、ソクラテス、プラトン、アリストテレスのような哲学の巨人は二度と出現していません。

アテネから逃げた

アリストテレスが生きた時代は、ポリスの衰退期に重なります。

プラトンの死とともにアカデメイアを去ったアリストテレスは、祖国マケドニア王国のフィリッポス王に呼ばれ、王子アレクサンドロスの家庭教師となりました。

当時最高の教師による個人授業を受けたアレクサンドロスは、若くして王位につきます。

そして、弱体化したポリスを併合し、ギリシア全土を手中に収めました。さらに東方遠征によってペルシア、エジプト、インドなどに攻め入り、即位からわずか10年弱の間に世界帝国を築きました。これによって東西文化の交流がはじまり、ヘレニズム時代を迎えます。

一方、アレクサンドロスの即位を機にアテネに戻ったアリストテレスは、自身の学園リュケイオンを開きました。

アリストテレスにとっての悲劇は、アレクサンドロス大王が遠征先で亡くなったことです。アテネで、支配勢力だったマケドニア人に対する迫害がはじまりました。アリストテレスはアテネから逃れ、母方の故郷に身を隠しました。

「アテネから逃げた」と言うと、ソクラテスとは対照的に思えますが、アテネでは外国人であったアリストテレスにとって、アテネで死ぬべき理由はありません。逃げて当然と言えます。

最期は病死したとも、毒をあおって自殺したとも言われています。

【人間にとって最高の快楽は知恵である】
エピクロス

紀元前341年～紀元前270年頃。イオニア地方のサモス島出身。300巻に及ぶ大量の著書があったとされるが、3通の手紙と『主要教説』の断片しか残っていない。主にルクレティウスの『物の本質について』がその思想を伝える。

アタラクシアに至れ！

「エピキュリアン」とは**「快楽主義者」**を意味します。これは、快楽主義を唱えたエピクロスからきた言葉です。

エピクロスは、快楽は「祝福された生の始源（アルファ）であり目的（テロス）である」として、追求してもいいと考えました。快楽を全面的に肯定したわけです。

そのうえで、食欲、性欲、美、富、結婚、知恵など、さまざまな快楽について検証しました。「食欲は自然で必要な快楽である。これに対し、性欲は自然ではあるが不可欠な快楽ではないし、長続きもしない」

そう考えていくうちに、もっとも優れた本物の快楽を見つけました。それが、**「知恵」**でした。食欲や性欲などは身体的な快楽で「動的快」であるのに対し、知恵は「静的快」です。

この静的快は、「身体において苦のないこと、魂において乱されぬこと」であり、「アタラクシア（平静）」の心境に至ることができます。これこそが、快楽主義の究極の目標ではないか。

エピクロスはこう考えたのです。

知恵によってアタラクシアの心境に至る――。

快楽主義も、結局は知恵を探求しているわけですから、しっかりとギリシア哲学の流れの上にあると言えます。

世界に放り出されたギリシア人

エピクロスは、イオニア地方のサモス島出身ですが、前323年、ちょうどアレクサンドロス大王が死んだ年にアテネに出てきました。それは激動の時代でした。

もともとギリシアのポリスは、都市レベルで共同体的な結びつきが強く、人々はそのなかで、どんな政治をするか、どんな生き方をするかを考えていました。ギリシア人がもっている世界観は、ポリスのなかで完結していました。

ところがアレクサンドロスは、わずか数年の間に、当時のギリシア人が把握していた世界をほとんど征服し、世界国家というべきものを生み出しました。都市レベルのポリスに対し、世界レベルのポリスということで、「世界国家＝コスモポリス」です。

これによってギリシア人は、小さなポリスから、広大な世界に放り出された感覚に襲われました。

ギリシア人は、世界レベルでものを考えなくてはいけなくなったのですが、世界レベルで考えるというのは簡単ではありません。世界とはどんな広さで、どんな人たちがいて、どんなことが起きているのか、想像も及びません。

また、ポリス内外の人の出入りが激しくなり、社会の様相が一変しました。

アテネでは、国外勢力と結びついた高利貸しや大奴隷所有者が力をもち、急激に貨幣経済がすすみ、それまでの自給自足のライフスタイルが崩壊し、いわゆる格差が生じました。反マケドニア独立運動の混乱も起きました。

人々は、こんな世の中をどうやって生き抜くかを考えましたが、確かなことは、**どうやら個人の力では手に負えない世の中になった**、ということです。政治や社会に期待しても

エピクロスの時代、人々は価値観の変革に迫られていた

アレクサンドロス帝国
（世界帝国）の形成と崩壊

↓

アテネが混乱し
政治や社会に期待できなくなる

↓

個人でどう生きるべきかを
考えるようになる

**そのとき新しい考え方を説いたのが
ゼノンとエピクロスだった**

これからどのように
生きていけば
いいのだろうか…

無駄です。一種の無力感に襲われます。すると、世の中はどうあろうと、とりあえず個人でどう生きるかを考えるようになります。

そこで生まれたのが個人の生き方を考えた思想で、代表的なものが、**「ゼノンの禁欲主義」**と**「エピクロスの快楽主義」**でした。

ゼノン（前336〜前264）は、エピクロスと同世代で、ほとんど同時期にアテネで活躍しています。ゼノンの開いた学園がストアと呼ばれることから、禁欲主義者たちはストア派と呼ばれます。

禁欲主義とは、だいたい言葉通りの思想で、「理性や意志の力で欲望に動かされない」ことをめざし、「アパテイア（不動心）」

を理想としました。欲望に動かされない代わりに、「自然に従って生きる」のです。このときの「自然」とは「理性」です。

ちなみに、エピクロスの快楽主義も、同じように「自然に従って生きる」と言えますが、このときの「自然」は「快楽」を意味していました。

快楽主義では男女共学

さて、個人の生き方を人々に教えようと思ったエピクロスは、35歳のときにある庭園を買い入れて学園を開きました。これが**「エピクロスの園」**です。

プラトンのアカデメイア、アリストテレスのリュケイオン、ゼノンのストア、そしてエピクロスの園ということで、当時のアテネには4つの学園があったことになります。

古いアカデメイアとリュケイオンは、貴族の子弟を相手にしたエリート教育機関だったのに対し、ストアとエピクロスの園は、庶民階級や奴隷も相手にしていました。

エピクロスは「隠れて生きよ」と言っています。

この言葉通り、じつはエピクロスの園は、学園というよりは社会から逃避した隠遁者が互いに身を寄せ合うようなところだったのです。

しかも当時としては珍しい男女共学でした。男女の交際も性的交渉も禁止していませんでしたから、へんな噂が立たないはずがありませんでした。「乱交でもしているのでは」と、偏見にさらされることもありました。

実際、男女の性的な関係はあったとされています。エピクロスも弟子の女性たちと寝たという噂を否定していません。

ただし快楽主義では、性的快楽を特にすすめているわけではないし、エロス的恋愛のパッションは避けるべきであるとする戒律さえありました。そのため、それほど秩序が乱れた組織ではなかったのだろうと言われています。

今日を楽しめ！

エピクロスの快楽主義は、意外なほど**現代人の感覚とマッチ**しています。

まず、エピクロスは神様を否定していませんでしたが、神様は別世界にいて、人間とはまったく関係がないと考えました。神様の賞罰も禍福もないから、祈りを捧げる必要もないし、恐れる必要もないと考えます。

また、民衆の迷信が強かった当時、死への恐怖はとても強いものがありましたが、エピ

2人の哲学者の考え方はどこが違うのか？

エピクロスの快楽主義

・最高の快楽＝知恵

知恵の「静的快」によって
「平静」の心境に至ることが
快楽主義の究極の目標

ゼノンの禁欲主義

・理性＞欲望

欲望に支配されずに
理性に従って生きるべきだ

クロスは、**「死を恐れる必要はない」**とも言いました。

ソクラテスやプラトンは、「死は身体の死であって、魂は生きつづける」という考えでしたが、エピクロスは、「死によって魂もなくなる」と考えました。

死によって肉体だけでなく魂も解体するのですから、「死が存在するときにはわれわれはもはや存在しない」ということです。実質、人間にとって死は経験できない。つまり、死は「われわれにとってはなにものでもない」となります。

死はないに等しいのだから、死を恐れる必要はありません。こうしてエピクロスは、死の恐怖をとりのぞきます。

死がないとなると、死後の世界がないとい

うことで、来世がないことになります。来世がないなら、この一回限りの生を楽しむべきではないか……。極言すると、**「今日を楽しめ！」**という考えに至ります。

以上、エピクロスの教えは現代人が共感できるところが多いことに気づきます。

私たちはふだん、神様のことを考えることはありませんし、死んだあとのことを考えることもありません。そんなことより、自分のこの人生をどう豊かなものにするか、そして、その日、その瞬間をどう楽しむか、ということに関心がむきます。

ということで、エピキュリアンとは、現代人のことをさしているのかもしれません。

エピクロスの存在は長らく埋もれていましたが、17世紀、ピエール・ガッサンディによって掘り起こされ、今日に伝わっています。こうした経緯も、彼の思想が近現代の人によってようやく理解された、ということかもしれません。

第2章

近代思想をつくった哲学者

本章を読むにあたって

知の豊かな実りをもたらした古代ギリシアのアテネですが、アレクサンドロス大王のマケドニア王国、ついでローマ帝国によって支配され、かつての輝きは失われます。ローマ帝国が崩壊したあとは、中世です。

ヨーロッパ中世は、キリスト教（ローマ＝カトリック教会）を中心とした社会です。**哲学を含めたすべての学問は、キリスト教神学に吸収**されました。

キリスト教神学を完成させたのは、13世紀のトマス＝アクィナスで、その神学体系は**「スコラ哲学」**と呼ばれています。

16世紀ごろになると、学問と神学の切り離しがはじまりました。それまで力をもっていたローマ＝カトリック教会の権威が衰えてきたからです。

古代ギリシア・ローマの文化を見直し、人間を中心とした芸術や文学が生まれたのが**ルネサンス**です。自然科学の分野では、実験や観察をもとに確かな世界像が提示されるようになりました。そして哲学においては、神学から離れて、この世界の「真理」を探究する人々が現れ、いわゆる**「近代哲学」**が興りました。

近代哲学には大きく2つの潮流があります。

ベーコンにはじまり、ロック、バークリー、ヒュームらに連なる**「イギリス経験論」**と、デカルトにはじまり、スピノザ、ライプニッツらに連なる**「大陸合理論」**です。前者は、いくつものサンプルから一般法則を見出すスタイルで、後者は、確かな事実をていねいに積み上げ、合理的に真理を導き出すスタイルです。

彼らが真理を求めるなかで直面した大きな課題は、「主観」と「客観」は一致しているのかという問題でした。わかりやすく言えば、**「私たちは世界を正しく認識できているのか」**という認識問題でした。

この問題は、ドイツのカントやヘーゲルによって一応の決着をみます。

一方、近代哲学はどちらかというと現実の社会とは無関係にあったわけですが、ヘーゲルは、「私（主観）」と「社会（客観）」の関係を語り、社会思想（歴史思想）を生み出したという意味で画期的でした。ヘーゲルの思想をもとに生まれたマルクス主義は、19世紀以降の世界に多大な影響を与えていきました。

【偏見を捨て「知」を獲得せよ！】

ベーコン

1561年～1626年。イギリス・ロンドン出身。23歳で国会議員となり、大法官まで出世した。主著に『ノヴム＝オルガヌム（新機関）』『ニュー＝アトランティス』『随筆集』がある。

真理をめざして

近代哲学の創始者は、島国イギリスではフランシス＝ベーコンであり、大陸ではフランス出身のデカルトです。

2人は、海をはさんで、ほぼ同時代を生きています。時代は、キリスト教が描く世界像への信頼が揺らぐなかで、人々が新たな世界像を模索していたときでした。

学問の領域では、いろいろな人がいろいろなことを自由に言い出していました。情報が錯綜すると、結局どれが正しいのかわからない、ということになります。やがて、

「世界の本当のことはわからないのではないか」という「懐疑論」が流行します。

そんななか、「世界の本当のことはわからないのではないか」という疑問に最初に挑戦したのが、ベーコンとデカルトでした。

2人は、「世界の本当のこと＝真理」をめざしたのですが、そこへ至るアプローチは対照的でした。

まずは、ベーコンのアプローチから見てみましょう。

「知」による理想社会

まずベーコンは、**「知は力なり」**と言っています。これはどういう意味でしょうか？

「知」＝「自然科学とそこから応用される技術開発」です。

この「知」は「力なり」ということですから、「自然科学とそこから応用される技術開発は、人間に大きなメリットをもたらす」という意味です。

つまり、**「自然科学と技術開発は人間に住み良い環境をもたらしてくれるよ」**ということです。

いまではふつうの考え方ですね。でも当時は、「知」にあたる学問といえば、哲学、神学、論理学、数学、音楽、天文学などが中心で、「知」をなにかに利用しようという考えはありませんでした。学問は学問として完結していました。

たとえばベーコンは、スコラ哲学のことを、実用上なんの役にも立たない、空理空論であると批判しています。

「知（学問）」は、どんどん利用していったほうがいい。

そこでベーコンは、「知」のなかでも、どちらかというと「工学」のような実学系の学問にスポットをあてて、学問によって具体的に世の中を変えることを展望したのです。当時としては画期的な発想だったと言えます。

ベーコンは未来のイメージをもっていました。彼が書いた物語『ニュー＝アトランティス』では、科学技術の発達によって実現される幸福な理想社会が描かれています。

4つのイドラとは？

ベーコンは、「知」を獲得するための方法を考えます。これが「世界の本当のこと＝真理」に至るアプローチと言えます。

ベーコンが生きたルネサンス期の学問は、基本的に「類似」によって考えられていました。

ベーコンの「知は力なり」という言葉の意味
16 世紀、キリスト教の世界が揺らいでいた
そのとき、現れたのがベーコンだった
知は力なり！
||
知（自然科学・技術開発）によって
世の中を変えていこう
「知」を利用しようとする考え方は
当時としては画期的だった

たとえば、あるものとあるものの形が似ていれば、その両方を結びつけて考えます。こうした結びつきの連鎖によって、あるまとまりをつくっていくという方法です。

これを批判したベーコンは、こうした「類似」から「知」を獲得しようとするときに陥りがちな誤りを指摘しました。

これを**4つの「イドラ」**として整理します。「イドラ」とはラテン語で「迷妄」のことで、「偏見」や「先入観」のようなものです。

4つの「イドラ」とは、**「洞窟のイドラ」「劇場のイドラ」「種族のイドラ」「市場のイドラ」**です。

言葉だけ見ても、なにがなんだかわかりませんが、詳しくは次のようなことです。

①洞窟のイドラ：たとえば、小学生ならば、学校で教わったこと、また親に教わったことは正しいと思うでしょう。しかし、それがすべて正しいとは限りません。このように、個人の教育や、ある環境で学んだことから生じる偏見が、洞窟のイドラです。

②劇場のイドラ：伝統や権威と結びついた学説などは、いつも正しいとは限りません。これらを無批判に信じることから生じる偏見が、劇場のイドラです。

③種族のイドラ：人間がもともともっている知性や感覚は、いつも正しい認識をしているとは限りません。ときに無関係なものをつなげて考えたり、強引にあてはめて考えたりします。こうした人間の本性から生じる偏見や思いちがいが、種族のイドラです。

④市場のイドラ：これは言葉の不適切な用法についてです。ものを言い表すのに、誤った言葉を適用していることがあります。こうした誤った用法から生じる偏見が、市場のイドラです。

以上、いまでも十分あり得るイドラがたくさんあります。

本当の「知」を獲得するために、これらのイドラを除去していかなければいけません。あらゆる事実を経験するなかで、イドラのないサンプルをたくさん集めます。そのサンプルのなかで共通することを見つけていき、一般的な法則や原則を引き出していきます。

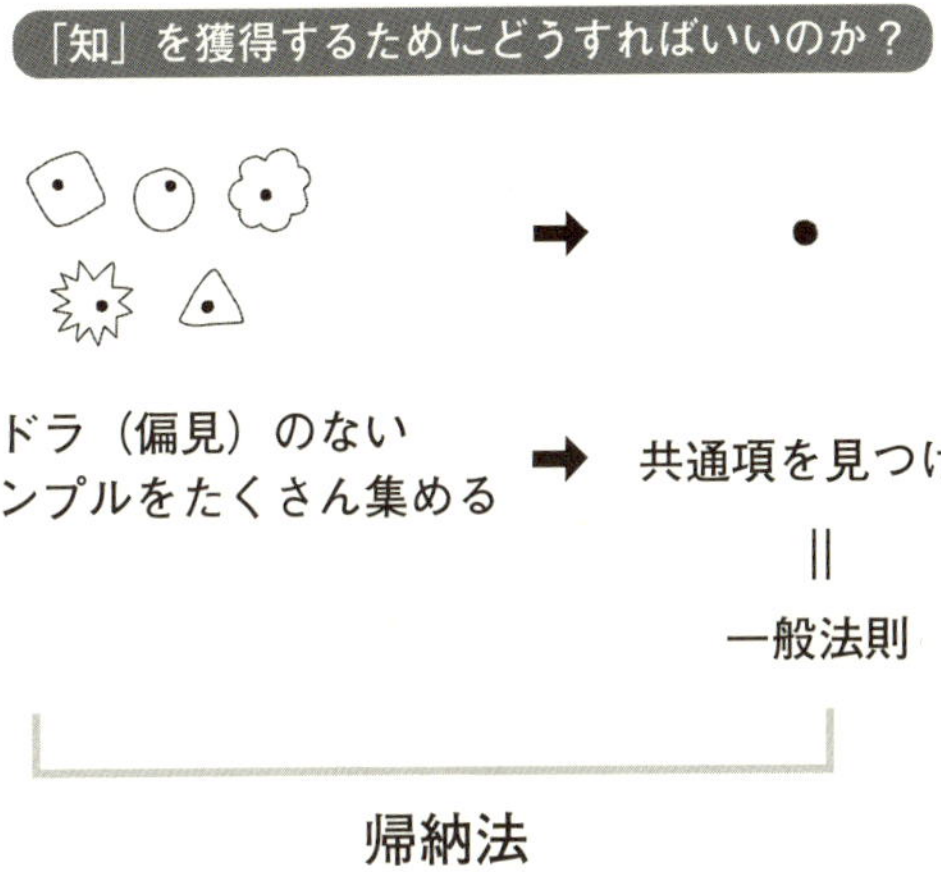
「知」を獲得するためにどうすればいいのか？
イドラ（偏見）のない
サンプルをたくさん集める
共通項を見つける
||
一般法則
帰納法

これが経験の積み重ねから真理を導き出す「経験論」の学問方法で、一般に**「帰納法」**と呼ばれています。著書『ノヴム＝オルガヌム（新機関）』で紹介されました。

経験を重んじるこの思想は、**「イギリス経験論」**として、ロック（P84参照）、バークリー、ヒュームなどに受け継がれていきます。

人格は悪魔!?

ベーコンの経験論は、近代の学問の発展に大きな影響を与えました。

こうした大きな功績を残したベーコンですが、その人物像についてはあまり評価されていません。その学識と人格は、**「天使と**

悪魔のようにちがう」とさえ言われます。

こうした悪評を呼ぶきっかけとなったのが、エセックス事件です。

若くして国会議員となったベーコンは、出世欲が強く、エリザベス女王の寵臣エセックス伯にたのんで、彼の力で法務長官になろうとしました。

しかしこれは成功せず、エセックスは、うまくいかなかった代わりに、わざわざベーコンに自分の荘園を提供してくれました。

このエセックスですが、のちにアイルランド出征の失敗から女王の不興をかい、反逆罪に問われてしまいます。

ベーコンは、この審問に立ちました。すると、友情関係にあり、恩を受けていたエセックスを助けるどころか、逆に女王の側に立ってエセックスを厳しく弾劾したのです。友情よりも出世に有利な立場を選んだベーコンの行動は、決してほめられたものではありません。

その後、ジェームズ王の時代にはとんとん拍子で出世し、ついに最高位の大法官にのぼりつめました。

ところが3年ほどたったとき、ベーコンは裁判の当事者から賄賂を受け取ったとして告発され、罰金を支払わされたうえ、宮廷と官職から追放されてしまいます。

なんと、金に汚れた人間か――、と思うでしょう。

しかし、あえてベーコンを弁護するとすれば、当時としては、裁判官が当事者から賄賂を受け取るのはふつうのことであったということは言えます。ベーコンだけが特別悪いことをしていたわけではないのです。

でも見方を変えたら、ベーコンはごくふつうの人間だったということです。その思想は偉大だったけど、人間性は偉大ではなかった、ということです。

【私は存在するが、世界は存在するのか？】

デカルト

1596年〜1650年。フランス・トゥレーヌ地方ラ・エー出身。哲学者、数学者。若いときに志願将校として従軍。ドイツやオランダ、イタリアを旅し、1628年からオランダに定住した。主著に『方法序説』『省察』がある。

大陸合理論の創始者

「世界の本当のこと＝真理」をめざすとき、イギリスのベーコンは経験を重んじました。イドラ（偏見）を除去した個別のサンプルから一般法則を見出すというものでした（＝帰納法　P65参照）。

これと対照的なアプローチをしたのがデカルトです。

デカルトはフランス人ですが、じつはオランダで活躍しています。

デカルトは「よく隠れる」を生活指針として、当時もっとも商業的に繁栄して自由な気風があったオランダのアムステルダムに住みながら、思索をしたのです。

デカルトは、経験よりも理性を重んじました。確かな事実をていねいに積み上げて、合理的に結論を導き出すのです**（＝演繹法）**。

この考えは**「大陸合理論」**と呼ばれ、のちにスピノザ（P76参照）やライプニッツ（P81参照）に受け継がれていきます。

「自分の存在」を証明した

では、デカルトの合理的思考の流れをおってみましょう。

デカルトはヨーロッパ各国をめぐって、人によって言うことがまちまちであることを目の当たりにしていました。人によって言うことがちがう、ということは、「人間の感覚など信用できない」となって、「なんでも疑ってかかったほうがいい。信用したらだめだ」と考えます。

このように、まず「疑う」という方法は、**「方法的懐疑」**と呼ばれます。

たとえば、ここにリンゴがあるとします。もった感じも重さもリンゴなら、食べたときの味もリンゴです。これはリンゴであることは間違いない……。

でも、こうは考えられないでしょうか？

これは夢かもしれない。バーチャルリアリティを体験させられていて、リンゴに関する情報を五感に与えられているだけかもしれない。すると、リンゴがあることは確かとは言えないかもしれません。

こうやって、あらゆるものを疑っていきます。

なぜこんなことをしていくかというと、真理を見つけるためです。この世で絶対に疑いようのないものを見つけるためです。

果たしてデカルトは、**この世で疑いようのないもの**を一つだけ見つけました。

それは、**こうしていろいろと考えている「自分の存在」**でした。

考えている「自分の存在」というのは、疑いようがありません。「自分の存在」がなければ、こうして考えることなどできないからです。

以上のことを、エレガントに一文で言い表しました。

「我思う、ゆえに我あり」

当時の学術用語のラテン語でいうと、「コギト・エルゴ・スム」です。「コギト＝我思う」「エルゴ＝ゆえに」「スム＝我あり」です。

ここまでのデカルトの論理はだれもが納得できるもので、素晴らしいと言えます。

デカルトの方法的懐疑とは？
なんでも疑ってみることからはじまる
ここにリンゴがある
でも、夢かもしれない…
でも疑いようのないものが１つだけある
こうして考えている
「自分の存在」は確かだ
我思う、ゆえに我あり

ギリシア哲学からの転換

ちなみに、古代ギリシア哲学と比べてみると、デカルト哲学は全く異質な考え方をしていることに気づきます。

古代ギリシア哲学では、「世界とはどうなっているか」という問いが中心でした。この問いでは、世界は存在していることが前提となっています。

ところが、デカルトは、「人間の感覚など信用できない」として、まず人間が世界を正しく認識できているかどうかを疑ったのです。

人間が正しく認識できていないとすれば、世界は存在するかどうかもわからなくなります。デカルト哲学では、世界の存在は前提となっていません。

デカルトがやっていることは、たとえて言えば、被写体（客観＝世界）がどうなっているかを考えるまえに、被写体を写すカメラのレンズ（主観＝自分）の機能を疑っているようなものです。

「客観（＝世界）」よりも、まずは「主観（＝自分）」にスポットをあてたのが、デカルト哲学の特徴です。

神は存在する！

では、デカルトのたどった合理的思考を前にすすめましょう。

ここからは、「主観（＝自分）」と「客観（＝世界）」が一致するのか、という課題に取り組みます。

つまり、「我思う、ゆえに我あり」によって、「主観（＝自分）」の存在は確かなものとなりましたから、この確かな「自分」は「世界」を正しく認識できているのか、を調べるのです。

順番に見てみましょう。

①人間は疑う存在である以上、まったく完全な存在とは言えない。
②だが、人間は完全なものとして「神」を考えている。
③不完全な人間が完全な神のことを考えられるはずがないから、完全な神は人間とは関係なく、必ずどこかに存在している、ということになる。
④人間をつくったのが神だとすれば、神は人間の認識を誤ったものとして与えていないはずである。だから人間は正しく認識できる。

正直、わかるような、わからないような説明かもしれません。

ポイントは、**「神の存在証明」**を行ったということです。

そのうえで、人間をつくったのは「神」だから、人間の認識（主観）は世界（客観）を正しくとらえている、つまり「主観（＝自分）」と「客観（＝世界）」は一致していると展開したのです。


確かに論理的ではありますが、いくつかひっかかるところがありませんか？

たとえば、「不完全な人間が完全な神のことを考えられるはずがない」などは、独断的に決めつけて話を前にすすめている感じがします。

「我思う、ゆえに我あり」まで素晴らしい展開を見せながら、「神の存在証明」以降は強引な展開を見せ、不満の残ったデカルトの思想でした。

では、デカルトは結局なにを訴えたかったのでしょうか？

日本の思想家、小林秀雄は次のような見方をしています。

人々の神への信仰が揺らいだ時代、特にデカルトのいたオランダは、世界貿易によって栄え、最初の資本主義がうごめきはじめ、物質文明が加速していました。「モノ」や「お金」に対する執着が高まった代わりに、人間の精神の堕落が見られました。

これを心配したデカルトは、もう一度、神への信仰をとりもどそうと考えたのではないか。かといって、教会の説教への信頼はなくなっています。

そこで、自然科学のように、だれもが納得できるような合理的な説明によって、神の存在証明をしようとしたのではないか、ということです。

デカルトの物心二元論

ところで、デカルトは「主観（＝自分）」と「客観（＝世界）」を分けて考えていますが、そもそもこのような二分法をはじめたのはデカルトです。

デカルトの二元論
主観
＝
客観
・自分
・精神
・事物
・世界
デカルトは、主観と客観が
一致していると考えた
しかし、それでは説明がつかないことがある
その課題に後の哲学者たちが取り組むことになる

これは「精神」と「事物」と言い換えることもでき、**「物心《ぶっしん》二《に》元論《げんろん》」**と言われます。

「主観（＝自分）」と「客観（＝世界）」は一致するのか？　はたまた、「精神」と「事物」はどのような関係にあるのか？

これを考えるのが、デカルト以降の大きなテーマとなっていきます。

【世界のすべては「神」の現れである】

スピノザ

1632年～1677年。オランダ・アムステルダム出身。ユダヤ人の商人の家に生まれるが、23歳でユダヤ教会から破門・追放され、ユダヤ人からオランダ人となる。主著『エチカ』は没後に出版。

スピノザ、デカルトを学ぶ

デカルトとベーコン以降、「大陸合理論」と「イギリス経験論」という大きな２つの流れのなかでさまざまな思想が生まれました。「大陸合理論」のなかでは、デカルトのすぐそばでデカルト哲学を学んだ、スピノザが有名です。

スピノザはユダヤ人の商人の家の出です。一家はポルトガルでの迫害にたえられず、オランダのアムステルダムに逃れてきて、そこでスピノザは生まれました。スピノザ自身は一度も出国することなく、生涯オランダで過ごしています。

幼い頃は、アムステルダムのユダヤ人街（ゲットー）に住み、そこのユダヤ教会で聖典とともにヘブライ語を学びます。その後、ラテン語塾でラテン語のほか、哲学、医学、自然科学などを学びました。

スピノザが生まれた1630年代は、すでにオランダで生まれたデカルト哲学が国家的財産となっていました。

この最新の哲学を独学して大いに刺激されたスピノザは、新時代の哲学を構想しようとします。

神こそが唯一の実体

デカルトの「物心二元論」に対し、スピノザは**「一元論」**を唱えます。

スピノザは、**「神こそが唯一の実体」**であると考えます。つまり、「この世には神しかいない、それ以外はなにもない」ということです。

ここで言う「神」は、ユダヤ教やキリスト教で信じられる唯一神ヤハウェではありません。**スピノザが言う「神」は、「自然」**と言い換えることができます。

たとえば、古代の日本では、自然や自然がもたらす現象に神々しいなにかを感じ、自然を神として崇めていました。スピノザが言う「神」は、これに近い感覚のものと言えます。

スピノザの「神」には東洋的思想が感じられ、また自然環境を重視するということで、いまのエコロジーの感覚とも結びついています。

唯一の実体である「神＝自然」は、姿を変えて現れます。世界のすべてのものは、「神」が姿を変えて現れているものにすぎない。スピノザはこう考えました。

すると、二元論のように「精神」と「物質」を分けて考える必要はなくなります。「精神」も「物質」も、「神」が姿を変えたもので、もともとは同じ「神」です。「神こそが唯一の実体」なのです。

これがスピノザの一元論で、「世界のすべては神の現れ」とするスピノザ哲学は、**「汎神論《はんしんろん》」**と言われます。

汎神論の立場から、スピノザはデカルトが残したもう一つの課題にむかいます。

デカルトは「神の存在証明」によって、「人間の認識（主観）と世界（客観）の一致」を唱えましたが、すでに見たように、説明に無理がありました。

しかしスピノザの汎神論なら、「人間の認識（主観）と世界（客観）の一致」は、無理なく説明できます。

人間の「精神」が「神の現れ」なら、世界に広がる「物質」も「神の現れ」です。もと

スピノザの「汎神論」

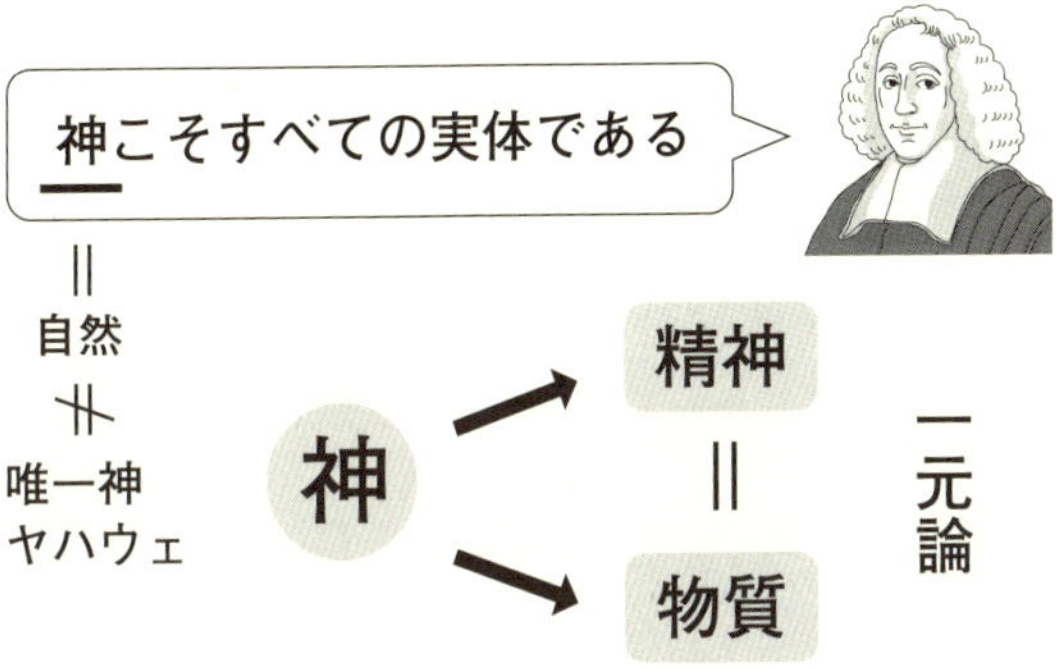

世界のすべては神が姿を変えたもの

もとは「神」であって、両者のあいだに不一致はないことになります。だから、「人間の認識（主観）と世界（客観）の一致」は当然ということです。

修道士のような生活

「精神」が「神の現れ」というのはいいとして、「物質」も「神の現れ」というのは、当時としては危険な思想でした。

これはどう見ても、ユダヤ教の唯一神ヤハウェにはあたらないからです。このことでスピノザは厳しい批判を浴び、**「無神論者」の烙印を押され、ユダヤ教会から破門**されました。

破門によりアムステルダムを追われたス

ピノザは、各地を転々とします。

また、自分の哲学をまとめた『**エチカ（Ethica）**』は出版することができなくなりました。この書は、スピノザの死後、1677年に友人が出版しています。

『エチカ』は、異色の哲学書です。副題に「幾何学《きかがく》的秩序によって論証された」とあるように、まるで数学の公式を導くように整然と哲学が説かれています。

はじめに「定義」の説明があり、「定理」と「証明」を交互に繰り返しながら、たんたんと説明されていきます。そこに無駄な言葉は一切なく、端的な言い回しがつづきます。この本で証明したことが、「神こそが唯一の実体」ということでした。

幾何学的な哲学書『エチカ』のように、スピノザの生活も、まるで無駄のない、簡素なものでした。

生涯独身を貫いたスピノザは、ひとり、屋根裏の下宿で寝起きし、一度の食事は、バター入りのスープ、1本のビール、オートミール、これだけでした。

執筆のため部屋にいることが多く、外を歩くこともほとんどありませんでした。

一見、禁欲的に感じられますが、スピノザにとってはむしろ快楽主義に近い実感がありました。自分の自由を求めた結果、こうした生活となったのです。なにものにも邪魔されず、ただ思索と執筆のための時間を確保したのです。

大学への就職も辞退したスピノザの主な収入源は、レンズ磨きでした。しかし、レンズ磨きによる微細なガラスぼこりが持病の肺結核を悪化させ、晩年を過ごしたハーグで、45歳という若さで亡くなってしまいました。

生前出版できたのは、『デカルトの哲学原理』（1644）と、『神学・政治論』の匿名出版（1670）だけでした。

『神学・政治論』は、自分の哲学は無神論でないことを弁明したものでしたが、同時代の人々にはほとんど理解されませんでした。カルヴァン教会からもオランダ議会からも禁書とされています。

結局、スピノザ哲学は「死せる犬」として葬られました。スピノザ哲学が脚光を浴びたのは1世紀後のドイツで、そこから20世紀哲学に大きな影響を与えていきます。

ライプニッツの「モナド」

ドイツ哲学の祖とされる**ライプニッツ**も紹介しておきましょう。

ライプニッツは、ドイツの哲学者で、神学、政治学、物理学、数学にも精通した天才です。じつは彼は、死のわずか4ヶ月前のスピノザにハーグで会っています。そのとき『エチカ』

ライプニッツのモナド論

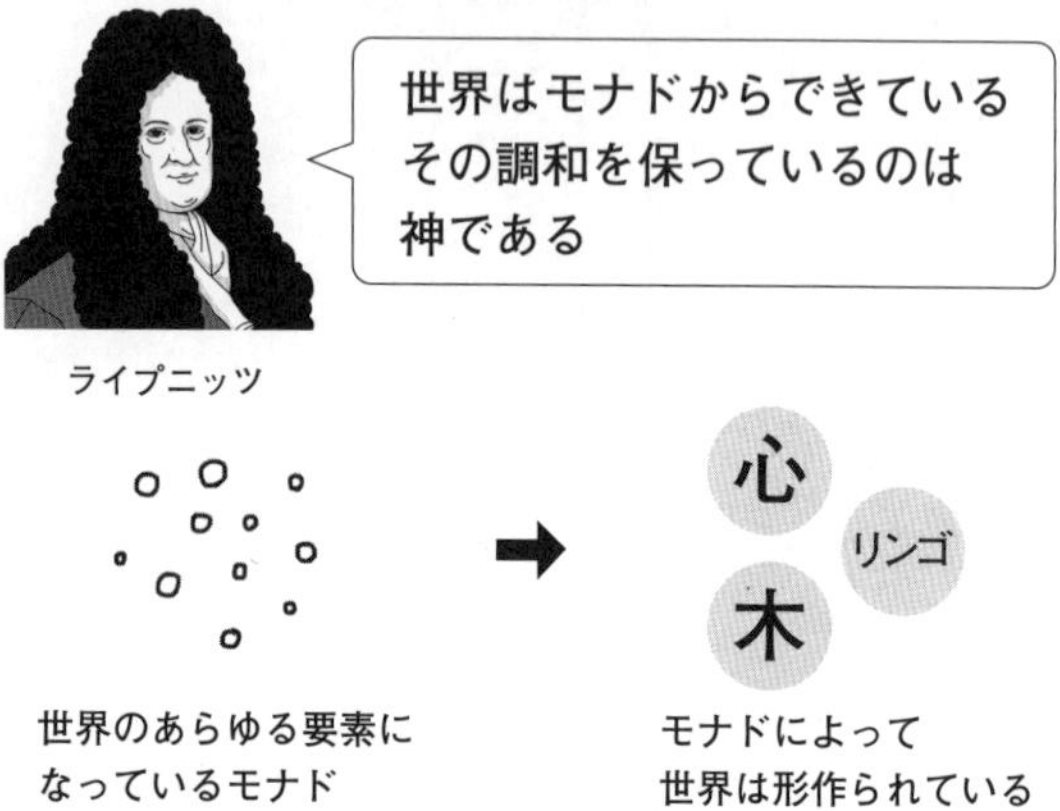
世界はモナドからできている
その調和を保っているのは
神である
ライプニッツ
心
リンゴ
木
世界のあらゆる要素に
なっているモナド
モナドによって
世界は形作られている

の草稿も読んだのではないかと言われています。

ライプニッツは、反社会的なスピノザを表立って評価することはありませんでしたが、大きな影響を受けていたことは間違いありません。

ライプニッツは、『単子論（モナドロジー）』を書いていますが、**世界は無数の「モナド（単子）」からなっている**と考えました。

このモナドは、分割不可能で、不変の実体です。こういうと、デモクリトス（P23参照）のアトム（原子）と同じような気がしますが、モナドは「物体」ではなくて、「精神的な実体」です。

「精神的な実体」である個々のモナドが、それぞれの世界を表象し、これらが集まって世界全体が構成されています。

モナドは独立していて相互に干渉しあうことはなく、それでいてモナドの表象が集まってつくる世界全体の秩序は保たれています。

そう考えると、モナドの調和とバランスをきちんと考えている存在があるはずです。それが「神」ということになります。モナドの創造主は「神」なのです。

世界は「神」がつくったモナドからなっている――。これがライプニッツ流の一元論でした。

【人間は生まれたときは「白紙」である】

ロック

1632年～1704年。イギリス・サマーセット州リントン出身。哲学、政治学、経済学の分野で活躍。近代市民社会の政治思想を代弁し、イギリス、アメリカ、フランスの市民革命に大きな影響を与えた。主著は『統治二論』『人間知性論』。

生得観念を否定

スピノザやライプニッツは、デカルトの二元論の問題を解消しようとしましたが、それは一元的にとらえた世界像を描いただけで、人間の「主観」の問題は棚上げにされていました。もともとデカルトが疑ったことは、「人間は世界を正しく認識できているか」という主観の問題です。

世界がどんな姿をしていようと、最終的に人間の感覚がどうとらえるかによって、世界の姿は変わってくるはずです。主観の問題は避けては通れません。

この「主観」の問題に迫ったのが、ロック、バークリー、ヒュームといった、イギリス経験論の哲学者たちでした。

はじめにロックです。

ロックは、国王に対する信頼が揺らいで政治的に混乱する17世紀のイギリスにあって、市民と国家は契約関係にあるという新たな社会像を示したことで知られています。

ロックは、**「もともとばらばらだった個人が、契約を結んでつくったものが国家である（社会契約論）」**と考えました。そして1688年、国王ジェームズ2世を追放した名誉革命では重要な役割をになっています。

ちなみに、同じイギリスの政治哲学家ホッブズは、「一度契約を結んで国家をつくったら、個人は国家の命令を聞かなくてはならない」としましたが、ロックは、「契約後も国民は個人としての権利を保持する」と考えました。つまりロックは、現代の国家観に通じる国民主権を唱えたのです。

そのロックですが、著書『人間知性論』では人間の「主観」を問題にし、「人間は真理を認識できるのか」ということを考えています。

そこで示された考えが、**「白紙（タブラ＝ラサ）」**です。

これは、**「人はだれも、生まれたときは心が白紙の状態にある」**というものです。生まれたときは白紙の状態ですが、その上に「経験」をもとに「観念」ができてくると考えます。

「感覚」を通して人は世界を認識していく

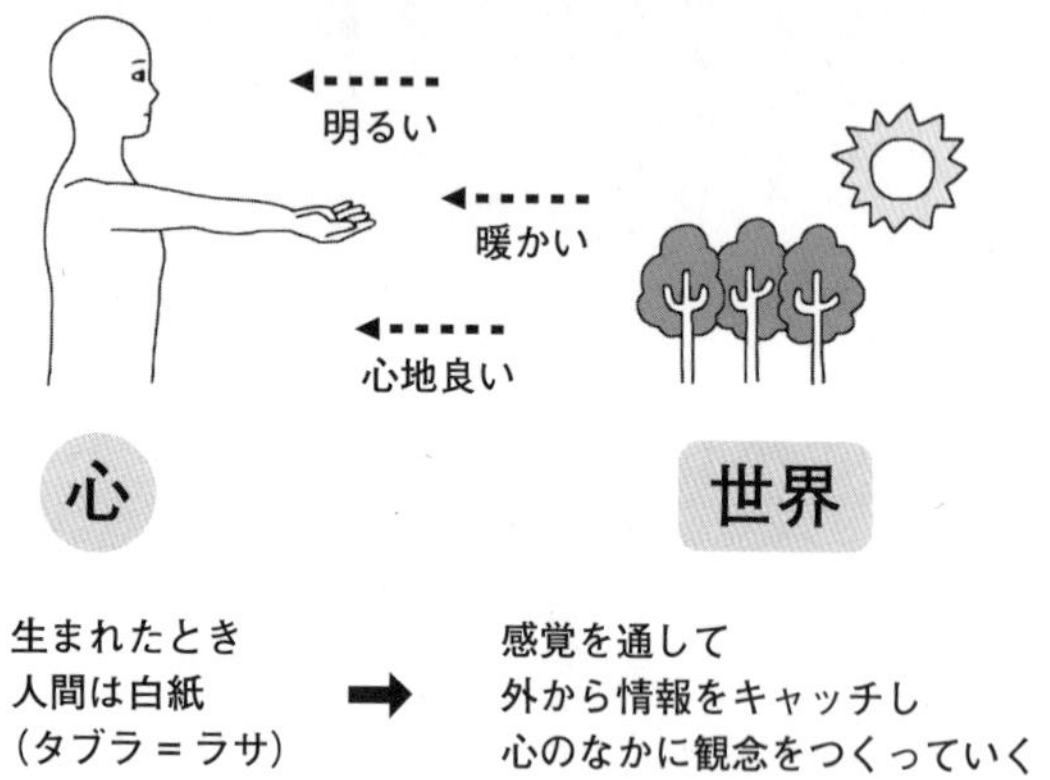
明るい
暖かい
心地良い
心
世界
生まれたとき
人間は白紙
（タブラ＝ラサ）
感覚を通して
外から情報をキャッチし
心のなかに観念をつくっていく

「観念」とは、見たり、聞いたり、感じたりするなかで人間が意識することのすべてです。

当時は、人間は前世で得た知識をある程度身につけて生まれてくるというプラトンの考えや、人間は生まれつきなんらかの観念をもっている（＝生得観念）というデカルト以降の大陸合理論の考えが信じられていたので、ロックの視点は斬新なものでした。

世界の存在は前提だった

ロックの「白紙」という考えをもう少し具体的に見てみましょう。

人間は生まれてすぐに、感覚を通して、

「明るい」「暗い」「赤い」「青い」「熱い」「冷たい」「固い」「やわらかい」などの印象を受け取ります。

しかし、まだ意識が発達していない段階では、これらの印象に名前をつけることはできません。その印象を記憶しておいて、ほかのモノと関連づけるなかで、それについての概念をだんだんとつくりあげていきます。

それぞれのモノの概念がつくられていくうちに、自分がいる世界はどんなところなのかという、一般的な観念が身についていきます。やがて、それぞれのモノに名前をあてはめ、世界に対する理解が深まります。考える能力も発達させていきます。

この流れのなかで**ポイントになるのは「感覚」**です。観念をつくっていく「心」と、心の外の「世界」との間にあるのが「感覚」です。感覚がさまざまな情報をキャッチし、それを頭脳で判断し、複雑で精巧な観念をつくり上げていくのです。

以上は、今でも納得できる説明ではないでしょうか。ただ、課題も残りました。

「精神（心）」と「事物（世界）」という二元論のなかで、そもそも「世界は存在するのか？」という問いに対しては、ロックはなんの答えも示していません。

ロックの説明では、世界の存在を前提として話がすすんでいます。人間の「心」に観念ができるのは、心の外の「世界」があって、それを知覚していくことによる、としているからです。

しかし、「心」のなかに観念がつくられているからといって、心の外にその観念に対応する「世界」が存在するとはかぎりません。

「世界は存在するのか?」。この命題は次のバークリーに引き継がれました。

バークリー：存在するのは主体だけ

バークリー（1685〜1753）は、「世界は存在しない」とまでは言っていませんが、**「世界は存在しても人間にはなんの意味もない」**と言っています。

人間は、感覚を通して「世界」にアクセスします。しかし、感覚を通して得られたモノのイメージ、音、色、感触はいったいなにを意味しているのでしょうか?

こうした感覚を通して得られた情報があるからといって、そのようなモノがあるということは証明できません。そのようなモノの存在を証明できないのなら、その「モノが存在する／しない」を議論しても意味がありません。

ですから、バークリーは、「世界は存在しないものとして考える」とします。

存在するのは「主体（私）」だけです。「主体」は、見たり、聞いたり、感じたり、知覚としてモノの存在を認識しますが、「モノは知覚されたものとしてしか存在しない」のです。知覚されないものは、存在しないのと同じです。

「存在するとは、知覚されることである」とバークリーは言っています。

これはある意味、真実を言っています。アメリカ大陸発見前のヨーロッパ人にとって、アメリカ大陸は存在しないのと同じことでした。

ところで、熱心なキリスト教徒であったバークリーは、「現実はすべて神の心のなかにあって、神が人間の心のなかに観念を送り込んでいる」と言っています。結局は、心の外の「世界」の存在を前提にしていたのでした。

ヒューム：主体は感覚の束

ヒューム（1711〜76）も、「世界（物質界）が心の外に独立して存在するということを、確信をもって知ることはできない」という点では、バークリーに同意しました。

ヒュームが革新的だったのは、さらに「主体」の存在まで疑ったことでしょう。

バークリーは、「主体だけが存在する」としましたが、ヒュームは、**「主体さえも存在すると考えられる根拠はない」**とします。主体もフィクションにすぎないのです。

ロックに続いたバークリーとヒューム

バークリーは「存在するものは主体のみである」と言い
ヒュームは「主体さえも存在するとは限らない」と言った

バークリー	ヒューム
・主体	・~~主体~~
・~~客体~~	・~~客体~~

２人ともなかなか興味深い…

ロック

「主体」とはなんなのか？　私とはなんなのか？　結局あるものは、感覚を通してなにかを知覚するという経験だけではないか？　「主体（私）」とは、「感覚の集まり（感覚の束）」でしかない。

ヒュームはこう考えました。

つまり、主体とは、モノを認識する前提としてあるのではない。むしろ、知覚の結果として主体がある、ということです。

またヒュームは、こんなことも言っています。

「個々の経験がもたらすものには、因果関係（原因と結果）があると信じられているが、こうした因果性の観念も習慣的なものにすぎない」

たとえば、紙に火をつけると燃えます。

紙は火の熱によって（原因）、燃えた（結果）と考えるのがあたり前です。

しかし実際には、「紙に火をつけた」「紙が燃えた」という2つの出来事があるだけです。時間的に近いので2つを結びつけて、原因と結果と考えているだけで本当は関係ないのかもしれません。因果関係は人間がつくり出しているもので、そう信じるべきだという習慣にしばられているにすぎないというのです。

世界もない。私もない。自然科学で認められる因果関係もない。あるのは感覚の集まりだけ。

ヒュームは「経験で得られる以上の知識は存在しない」と結論づけました。

【人間は弱いが、「考える」から偉い】パスカル

1623年〜1662年。フランス・オーヴェルニュ地方クレルモン・フェラン出身。科学者で思想家。父の英才教育により、幼少のときから天才ぶりを発揮した。熱心な宗教家で、晩年は禁欲主義に傾倒した。主著に『パンセ』がある。

宗教哲学者、パスカル

「知覚したものしか存在しない」

「いや、私さえ存在しなくて、感覚の集まりしかない」

イギリス経験論は過激な方向へとすすんでいきましたが、もう一度ここでデカルトの物心二元論に戻って、別の角度から物心二元論を批判した人物に迫りましょう。

デカルトと同じくフランス人のパスカルです。デカルト同様、パスカルも科学者・数学者としてのイメージが強いでしょう。

たとえば物理で必ず習う**「パスカルの原理」**が有名です。「容器に閉じ込められた流体（液

体・気体）に圧力を加えると、その圧力は流体全体に等しく伝わる」というものです。「パスカル」「ヘクトパスカル」など、彼の名前は圧力の単位となっています。計算機もつくりました。といっても電気式ではなく、歯車を噛み合わせてつくった機械仕掛けの計算機です。

このときパスカルは24歳でしたが、この珍しい計算機見たさに、大先輩のデカルトも訪れたと言われています。また、乗合馬車の時刻表をつくり、いまのバスのような運行システムをつくったのもパスカルでした。

このように近代科学技術の推進に大きく貢献したパスカルですが、一方で、宗教哲学者という顔ももっていました。無信仰者を説得するため、『キリスト教護教論』も書いていました。

ちなみに、パスカルの有名な著書『**パンセ**』（フランス語で「パンセ Pensées」は「思考」「考え」の意味）は、この護教論の草稿をパスカルの死後にまとめたものです。

デカルトやスピノザが言う「神」は、各宗派の神から切り離された、いわば「哲学用の神」でしたが、**パスカルの言う「神」は、「キリスト教の神」**です。

でも「キリスト教の神」の教えと自然科学は両立しません。キリスト教が唱える天動説と、ガリレオらが実証した地動説は矛盾するように、両者は絶対にぶつかります。

そこでパスカルはどうしたのか？

両者の棲み分けをしました。つまり、自然科学と信仰を区別して考え、どちらも肯定するということにしたのです。

このように、自然科学もやりながら、キリスト教信仰と折り合いをつけたパスカルは、哲学と信仰を結びつけ、人々の信仰心を高めようとしました。

人間はもっとも弱い

パスカルは、基本的にデカルトの物心二元論をもとに考えています。

まず、「人間（私）」と「世界（宇宙）」の2つをおきます。この図式のなかで、パスカルは言います。

「人間は自然のなかでもっとも弱いものである」

人間は宇宙のなかではとるに足らない存在だ。宇宙全体が武装するまでもなく、水や空気を取り上げてしまえば、人間は簡単に殺せてしまう、と言います。

パスカルは、こうも言います。

「こわれた家は惨めではない。惨めなのは人間だけである」

「人間は考える葦である」という言葉の意味は？

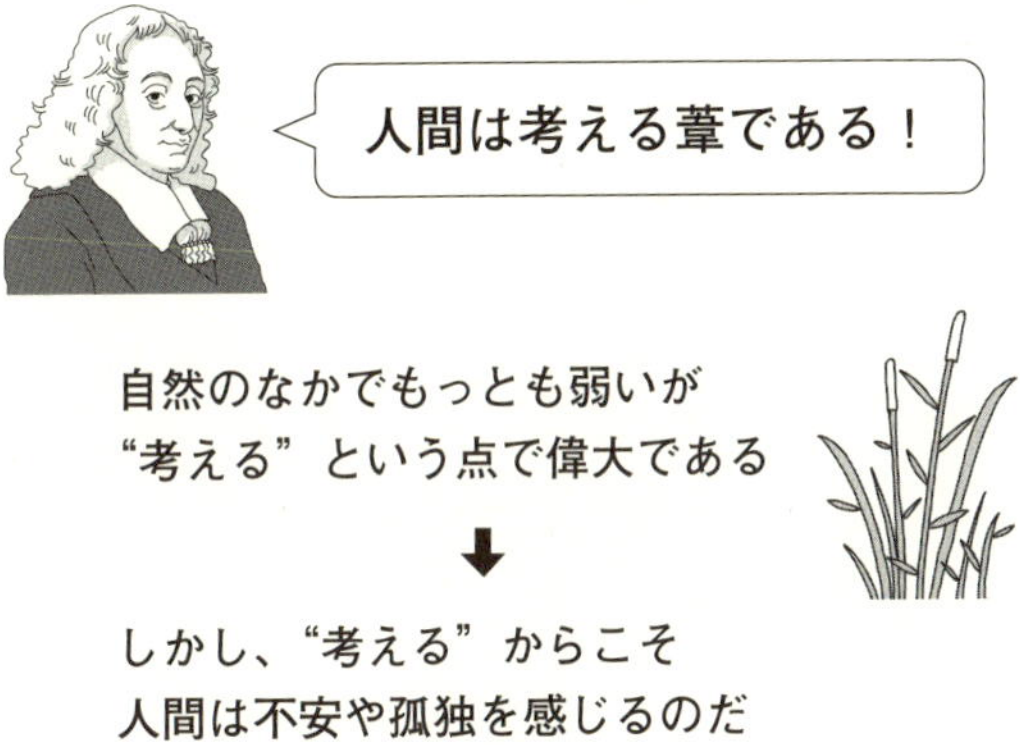
人間は考える葦である！
自然のなかでもっとも弱いが
“考える”という点で偉大である
しかし、“考える”からこそ
人間は不安や孤独を感じるのだ

弱くて、惨めな人間――。

こんな人間のことを、パスカルは「葦《あし》」と呼びます。葦とは、水辺に弱々しく生えている草です。踏まれたら終わり。人間は、そんな葦にすぎない、というのです。でも、パスカルはつづけて言います。

「人間は考える葦である」

有名な言葉ですね。**人間は自然のなかでもっとも弱い存在だが、「考える」という点においては偉大である**、ということです。

自然や宇宙は「考える」ことを知らない。でも、人間は「考える」ことを知っている。樹木は考えないので、自分を惨めだとは思わない。でも、人間は自分を惨めだと思う。惨めなことを知っているからこそ、偉大なのです。

パスカルは、人間の尊厳は「考える」ことにあるから、「よく考えることに努めよう」と訴えました。

ちなみに、人間の機能のなかで、「考える」のは「心（魂）」です。「身体」ではありません。デカルトの「我思う」のも「心」でした。ですから、ここまではほとんどデカルトと同じ考えをなぞっていると言えます。

デカルトの神を批判

「考える」という点において、人間を肯定したパスカル。しかし「考える」からこそ、人間は不安や孤独を感じます。これを克服するためにどうしたらよいのか？

パスカルは、デカルトを批判しながら、信仰へとむかいます。

デカルトは、「神の存在証明」をしました。そのうえで、世界をこう考えました。

天空の星の動き、天気の移り変わり、川や海の流れ、植物の成長、動物の営み、これらすべての世界の動きは、機械のように設計されている。**「機械論的自然観」**と言われるものです。この世界を設計したのが「神」であるとしたのです。

デカルトの神は、世界の設計者です。でも逆に言えば、神は世界を設計して動かしただけ、と解釈できます。ここをパスカルは厳しく批判しました。

デカルトの神は、世界を設計して動かしたら、それで終わりです。それ以上のことはしません。神が設計している以上、故障もなくすべて順調にいくことになっているのだから、それ以上の出番はないに決まっています。

しかしパスカルは、神がつくった世界には設計ミスがあるとまでは言いませんでしたが、デカルトの神には、「愛と慰めが欠けている」と感じました。

人間は不完全な存在です。孤独だし、不安だし、惨めに感じる。それを慰めてくれるのが神であって、ときには奇跡を起こしてほしいと考えたのです。

パスカルは、まさにキリスト教の神の尊さをアピールしたのでした。

神の存在を賭ける

では、そもそも神は存在するのか？

デカルトの「神の存在証明」はやや疑問が残りましたが、パスカルは、**数学者らしい確率論**で迫りました。

コインを投げて「表」が出る確率は50％です。何回も投げていれば、限りなく50％に近

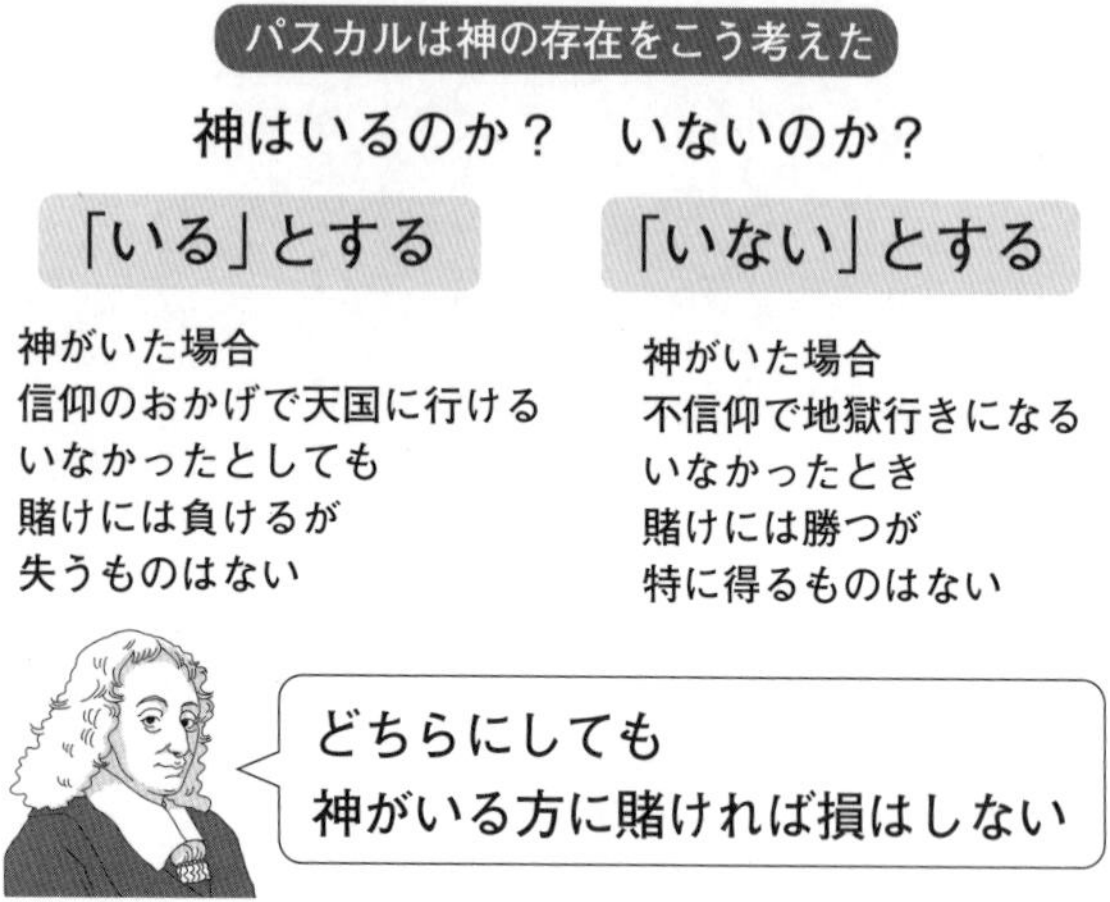
パスカルは神の存在をこう考えた
神はいるのか？　いないのか？
「いる」とする
神がいた場合
信仰のおかげで天国に行ける
いなかったとしても
賭けには負けるが
失うものはない
「いない」とする
神がいた場合
不信仰で地獄行きになる
いなかったとき
賭けには勝つが
特に得るものはない
どちらにしても
神がいる方に賭ければ損はしない

づいていきます。しかし、1回だけしか投げられないとすれば、「表」か「裏」どちらかだけが出ることになります。

これと同じように、人生も1回きりですから、AかBの二択があった場合、AかBどちらかしか選べないと考えられます。

では、「神が存在するのか?」という問題で考えてみましょう。

1回きりの人生、A「神がいる」／B「神がいない」のどちらかに賭けるしかありません。このようにパスカルは、**神の存在を賭け**にしました。

A「神がいる」に賭けた人生を想定してみましょう。本当に「神が存在する」ときは、信仰のおかげで天国へ行けます。「神が存在しない」ときは、賭けは失敗ですが別になにも失いません。

B「神がいない」に賭けた人生では、本当に「神が存在する」ときは、不信仰で地獄行きです。「神が存在しない」ときは、賭けは成功ですが特になにも得られません。

こう考えると、「神がいる」に賭けたほうがいいということになります。

パスカルは、一度きりの人生、「神が存在するほうに賭けて、信仰したほうがよい」と合理的に訴えたのでした。

ルソー

【「理性より感情」と言った啓蒙主義者】

1712年～1778年。スイス・ジュネーブ出身。百科全書派の一人だが、ヴォルテールやディドロらと絶交状態となった。主著に『人間不平等起源論』『エミール、または教育について』『社会契約論』などがある。

啓蒙主義の異端児

17～18世紀のヨーロッパは、科学技術の進歩によって生産力が増し、経済はどんどん活性化していきました。そこで出てきたのが新しい階級ともいえる**市民（ブルジョワジー）**です。

富は彼ら市民に蓄積されていき、経済的な力をバックに、自由な個人として生きる権利を主張するようになります。これが、**専制的な王による旧体制を倒す市民革命**につながります。

イギリスでは、ピューリタン革命と名誉革命です。ホッブズやロックが唱えた社会契約論（P85参照）が思想的な後押しをしました。

一方のフランス革命では、**「啓蒙主義」**という思想的な運動が関係していました。「啓蒙」とは、「明るくする」ことです。「人間一人ひとりの精神を明るくする」という意味です。それまで一部の限られた人間がやっていた「理性的に考える」ということを、すべての人間に広めていった運動と言えます。

啓蒙主義と言えば、『百科全書』の刊行があります。これはさまざまな分野の学問や技術の集大成とも言える百科事典です。百科事典があればだれでも「知」の集大成にアクセスすることができます。ですからこの事業は「学問を多くの人に広める」という意味で大きな役割を果たしました。

『百科全書』の編集・執筆に関わった人たちが、「百科全書派」と言われる思想家たちで、ヴォルテール、ディドロ、ルソーなどがいます。

このメンバーのなかで、**異端児的な存在**だったのがルソーです。

なぜ、異端児なのか？　「理性」を訴えた啓蒙主義にあって、「理性より感情」と訴えたからです。デカルト以来の大陸合理論の伝統を受け継ぐフランスでは、「理性」の一辺倒でしたが、ルソーは「感情」と言って周囲を敵に回したのです。

しかしこのルソーの思想が、フランス革命に多大な影響を与えていきました。

名著は禁書

ルソーが、「理性より感情」と言った背景には、その過酷な生い立ちがあります。ルソーはジュネーブ生まれのスイス人です。生まれて9日後に母親は亡くなり、父親と叔母の手で育てられました。その父親も、ルソーが10歳のときに失踪しました。それでルソーは、牧師の家や叔父の家で養われました。

成長したルソーは彫金師の徒弟、家庭教師、下男など、生活のためにどんな仕事でもやりました。

彼は本を読んで独自に教養を磨いていましたが、正式な教育をほとんど受けていません。過酷な現実を自分の力だけで生き抜いていったルソーは、理性的に筋道立てて考えるよりも、自然にわき上がる感情を重視するようになったのです。

パリに出たのは、音楽で身を立てようとしたからでした。彼は新しい楽譜の表記法を考案していました。こうしたことで、『百科全書』では音楽の章を担当しています。

ルソーの名が知れ渡るようになったのは、40歳も近い1750年、ディジョンの懸賞論文に提出した『学問芸術論』が入選してからです。

ところが、教育論を著した『**エミール、または教育について**』や政治哲学を著した『**社会契約論**』を出版すると、これらは政府と宗教を冒瀆《ぼうとく》するものとして禁書となり、逮捕状も出されて、ルソーはスイスへの亡命を余儀なくされました。

しかしスイスでも迫害にあい、ヒューム（P89参照）の招きを受けてイギリスに渡っています。ところがヒュームとも不仲になり、偽名でパリに戻って亡くなりました。

このように、落ち着く場所がなく根なし草のように生きたのが、ルソーの人生でした。

文明社会では本当の自分ではない

では、ルソーの思想を3つに整理して見てみましょう。

1つ目が、はじめにもふれた**「理性より感情」**です。これはルソーの文明への敵意の表れとも言えます。理性より感情を優先させる姿は、やがてはじまるロマン主義運動の先駆者と見なされています。

2つ目が、**「文明は悪い」**というものです。「人間の本能は生まれたときは〈善〉であるが、文明社会で育っていくうちに〈欺瞞〉と〈偽善〉になるので、文明は悪いものだ」ということをルソーは言っています。

考えてみると確かにそういう面はあります。人間は文明社会で育っていくうちに、この文明社会で生きていくために、理性で自分の感情をコントロールし、本当の感情を出さないように我慢し、その文明社会のルールや習慣にあったふるまいをするようになります。本来の自分とは遠ざかって、欺瞞と偽善だけの自分になってしまうのです。

でも文明社会を壊して、いまさら狩猟生活に戻るわけにはいきません。では、どうするか？　人間の自然な本能と感情を素直に表現できる文明につくり替えればいいのです。

ということで、ルソーは教育の変革を訴えました。ある一定の型にはめる教育から、子供が本来もっているものを表現し発達させるような教育への転換です。教育に必要なのは、規則や懲罰ではなく、思いやりと愛情だと言います。

こうした教育観をまとめたのが『エミール、または教育について』でした。当時は批判もありましたが、のちにこの作品はヨーロッパの教育に大きな影響を与えていきます。

ロックの社会契約論を批判

3つ目は、政治哲学で**「一般意志」**という考えです。

もともと人間は、それぞれ孤立していて、「支配する者」も「支配される者」もいませんでした。みんな自由で平等でした。ところが、文明が発達して、「自分のもの」という考え方が現れたことで、「多くもてる者＝支配する者」と「少なくしかもてない者＝支配される者」に分かれていきました。

ロックの社会契約論は、「ばらばらだった個人が契約を結んでつくったものが国家である」とし、「契約後も国民は個人としての権利を保持する」としています。

国民の権利が保持されるのだから、いいことのように思えますが、これはつまり、自分の財産が法的に正当化される、ということです。

富める者の富が保護されるだけで、貧者には恩恵がない、不平等はますます広がり、「支配する者」と「支配される者」の関係は強くなっていくばかり、ということになります。だからロックの社会契約論は、富をもちはじめたブルジョワジーの望みを代弁したものだった、という見方ができます。

これに対しルソーは、「一般意志」という考えを示しました。

「一般意志」とは、「社会全体の意志」です。**「社会全体として一番いいと考えられる利益をめざす意志」**ということです。

いちど一般意志が掲げられたら、個人は私的な意志を放棄して、一般意志のみに従うことになります。そして主権者である国民は、国王でも政治家でも役人でもいいから、だれかに託して、この一般意志にしたがって国家を動かしてもらえばいいのです。

そのとき、もしその契約した国家が誤ったことをしたとしたら、契約を結び直す。ルソーは、**「いつでも国家はつくり直すことができる」**という考えも示しました。

このように、「社会はつくり直せる」という考えがフランス革命につながっていきます。

ちなみに、現代の日本のような間接民主主義でつくられるのは、少数意見を排除した「全体意志」になります。少数意見も反映した一般意志をつくるには、全国民が集会に参加できるような直接民主主義が必要となります。

また繰り返しになりますが、ルソーの思想では、個人には一般意志から逸脱する権利がなく、ロックが言うような個人の権利が保持されるわけではありません。

個人に自由がないのと同じことから、共産主義的な革命理論にも影響を与えていきました。

主要な3つのルソーの思想

① 理性より感情だ！

厳しい環境のなかを生き抜いていったルソーは
理性的に筋立てて考えるよりも
自然に湧き上がる感情を重視するようになっていった

② 文明は悪い！

文明社会は理性で感情を押しつぶしてしまう

③ 一般意志で国を動かせ！

一般意志＝社会全体として最善の利益をめざす意志
一般意志が掲げられれば、個人は私的な意志を放棄して、一般意志のみに従うことになる

↕

ロックの社会契約論の個人の権利
（財産権など）は否定した

【「客観」は「主観」のなかにつくられる】カント

1724年～1804年。東プロイセン・ケーニヒスベルク（現ロシア領）出身。生涯、ケーニヒスベルクで活動。中世以降、大学で哲学の授業を開いたのはカントがはじめてと言われる。主著に『純粋理性批判』『実践理性批判』『判断力批判』などがある。

コペルニクス的転回

古代ギリシア以降、**もっとも偉大な哲学者**と言われるカント。

その思想は国際的に大きな影響を与えましたが、カント自身は生まれ故郷のケーニヒスベルクから一歩も外に出ることなく、終生独身、地味な生活を送りました。

「カント教授」の生活は、自ら決めた日課を規則正しくこなしていくというものでした。午前5時起床、書斎で薄い紅茶を2杯飲み、7時～9時まで講義、それから正午まで執筆、午後1時から毎日ちがった「良き友」を招いての昼食会。夕方、一人で散歩。

カントが散歩に出ると、「近所の人たちは、時計はちょうど3時半にちがいないと思った」

と詩人ハイネは書いていますが、昼食会が終わる時間は4時だったり6時だったりしたので、散歩の時間は実際は一定していなかったかもしれません。

カントは、はじめから「カント教授」であったわけではありません。大学卒業後、10年ほどの長い家庭教師時代があって、15年の私講師時代をへて、やっと1770年にケーニヒスベルク大学の教授になります。その後10年の沈黙があって、57歳のとき、名著『**純粋理性批判**』（1781）の出版に至ります。

カントが、「コペルニクス的転回」と呼ばれる哲学史上の、いわばブレーク・スルーをやってのけたのは、晩年、50代後半からのことだったのです。そこから『実践理性批判』（1788）、『判断力批判』（1790）を立てつづけに出版して、近代哲学を革新していきました。

では、カントが言ったことはなにか？

デカルトが「主観」と「客観」の二元論の課題を提示したのに対し、イギリス経験論はヒュームに至って、「物質界（世界）が心の外部に独立して存在するということは証明できない」となりました。「客観的な世界は認識できない」となったのです。

このヒュームの思想がカントを覚醒させました。「客観的な世界は認識不可能」から出発したカントは、結論として、**「客観的な世界は認識可能」**とします。

他者と共有できる「客観」

いま問題となっている問いは次のようなことです。

ここにリンゴがあります。私たちは通常、ここにリンゴがあると認識しています。しかし本当にリンゴはあるのか、と疑ってみます。実は私たちの感覚から入ってきた「リンゴ」という情報があるだけではないか？　実際にリンゴがあるということは、どうやっても証明できないのではないか？

カントは、これを**「リンゴがあることは証明できる」**とするのですが、どう説明するのか？

ヒントは**「他者」**です。

まずカントは、「人間はリンゴそのものを正確に認識することはできない」とします。人間が認識しているリンゴは、あくまでも感覚を通して「主観」に現れたリンゴであって、「客観」のリンゴではないのです。

カントは、「客観」のモノを「物自体（ヌーメナ）」と呼び、この「物自体」を正確に認識しているということは証明できないし、それを正確に認識することは不可能であるとします。

「主観」と「客観」を巡るカントの画期的な発想

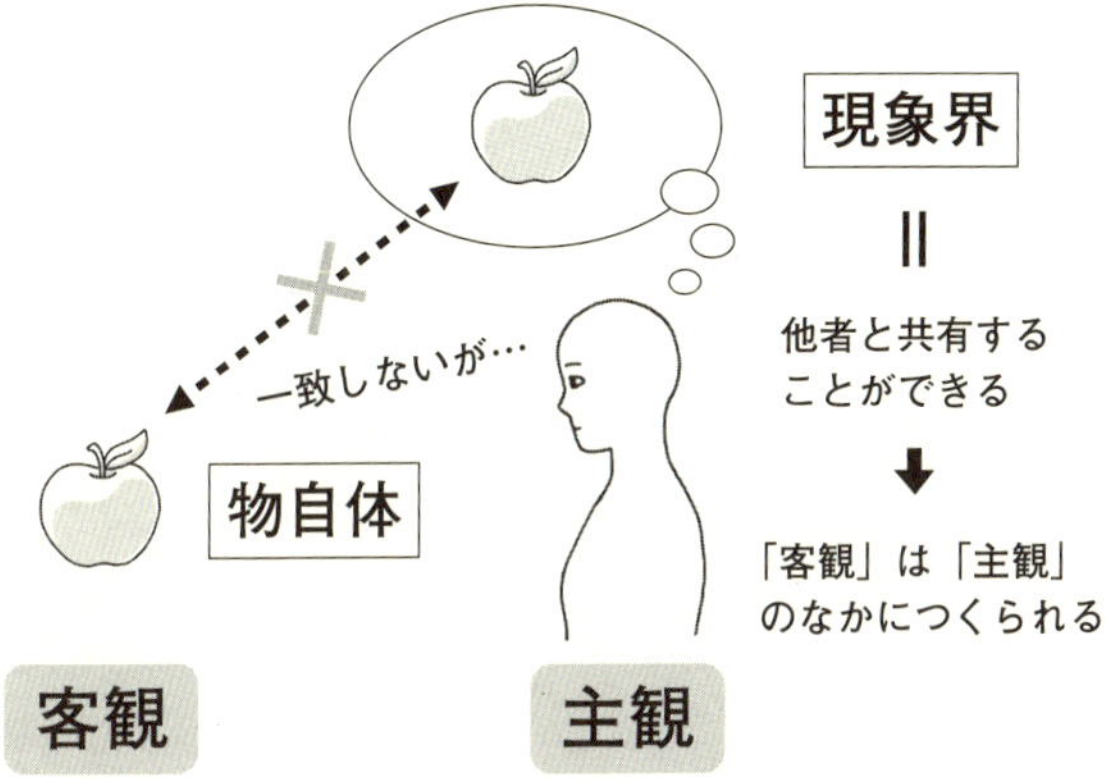
現象界
＝
他者と共有する
ことができる
「客観」は「主観」
のなかにつくられる
一致しないが…
物自体
客観
主観

「しかし」とカントは続けます。「客観」のリンゴを正確に認識することはできないとしても、「客観性のある」リンゴは認識できる、と言います。

どういうことかというと、「主観」に現れたリンゴは他の人と認め合えます。私が「リンゴがある」と認識したとき、周りの人も「リンゴがある」と認識できます。**だれもが認めるのだから、そこにリンゴがあることは「客観性のある」ことだと言える**のです。

つまり、「客観」のモノである「物自体」は正確には認識不可能ですが、それが「主観」に現れたとき、他者と共有できるので、客観性があるモノとして認識できる、ということになります。

カントは、「主観」に現れた世界を**「現象界」**と呼び、現象界は他者と共有できるものとしています。

ちなみに、「客観」のモノ（物自体）と、「主観」に現れるモノ（現象界）は一致するとは言えません。現象界で得られる知識は感覚を通して得られたものなので、「客観」のモノ（物自体）とはならないのです。

これを言い換えると、「人間は世界に能動的に働きかけ、認識の対象である客観性のある世界を自らつくり上げている」と言えます。「客観」とは「主観」のなかにつくられたものなのです。

「客観」とは当然、「主観の外」にあるのが前提だったのに、「主観のなか」にあると言いました。ここにカントのコペルニクス的転回があったのです。

理性の限界

「主観」に現れた世界（＝現象界）は他者と共有できるということは、人間が世界を認識するメカニズムは、みんな同じであると考えられます。

そこでカントは、人間が世界を認識するメカニズムを、**①感性、②悟性、③理性**という

3つの機能から分析しました。

①「感性」は、五感であり、感覚と理解していいでしょう。「痛い」「かゆい」「熱い」「寒い」など、空間と時間という枠組みのなかで、あらゆる情報を受け取ります。

②「悟性」は、感性が得た情報をとりまとめ、一般化するものです。たとえば「赤い」「小さい」「丸い」などの情報から「リンゴ」と判断する能力です。

③「理性」は、悟性のさらに一段階上の能力になります。悟性で把握された事柄を統合して、体系的に考える高度な能力です。たとえば、「この世になぜリンゴはあるのか」を考えるようなものです。

この3つの能力のうち、①感性、②悟性は動物にもあると考えられますが、③理性については人間特有のものと言えます。

①感性、②悟性をもとに、客観的な世界の「物自体」に接近するのは、「理性」の力になります。しかしこの「理性」の力にも限界があると、カントは言います。

『「客観」のモノ（物自体）と、「主観」に現れるモノ（現象界）は一致するとは言えない』ということを前述しました。人間の認識メカニズムでは、「物自体」を正確に認識することはできず、理性の力でかろうじてふれられるかどうか、ということになります。

これは理性を批判しているわけではありません。『純粋理性批判』という著書があるので、カントは「理性を批判している」「否定している」と思われるかもしれませんが、そうではなく**「理性の限界づけをした」**ということです。

善き行いとは？

カントは人間の道徳についても語っていますので、簡単にふれておきましょう。

カントは、人間には自発的に活動する「自由」があると考えます。その「自由」とは、道徳的行為に限られると考えます。

カントは、「自由は、自己中心的な衝動を抑制し、他者のためになる善き行いである道徳的な行為によって実現される」とします。

「善き行い」といっても、それは人それぞれの見方によると思います。「人を殴る」のは悪いという人もいますが、それが「友人を助けるために、いじめている人を殴る」となると、良いことであると考える人もいるでしょう。

「善き行い」は立場によって変わってしまうものですが、「もしも同じ立場に立ったとき、

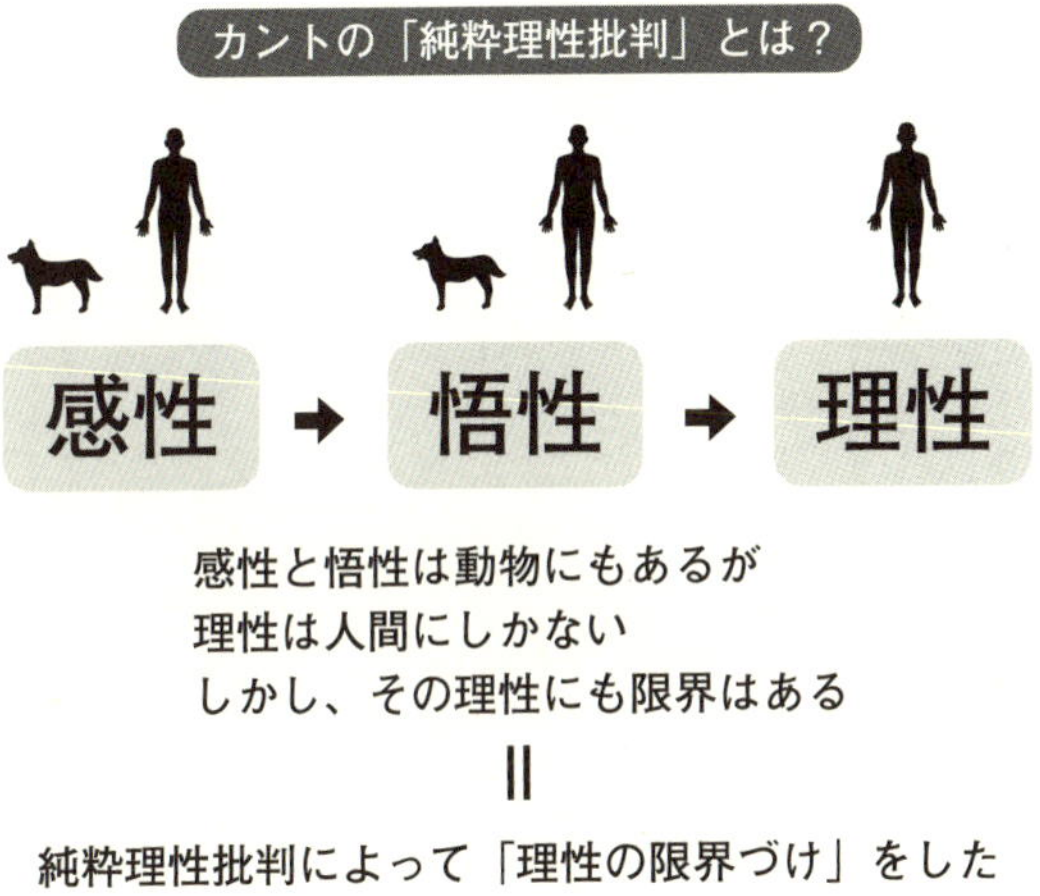
カントの「純粋理性批判」とは？
感性
悟性
理性
感性と悟性は動物にもあるが
理性は人間にしかない
しかし、その理性にも限界はある
＝
純粋理性批判によって「理性の限界づけ」をした

だれもが同じ行為をすると考えられるような行為をするべきだ」とカントは訴えます。

このときに自由が発揮されるというのです。

「つねに普遍的な法則となることが望めるような原理にしたがってのみ行動せよ」

これがカントの有名な倫理の基本法則です。

【人間も社会も弁証法的に理想にむかう】

ヘーゲル

1770年～1831年。ドイツ・シュツットガルト出身。中流家庭に育ち、経済的に安定しなかったが、各地の大学の教授をへて、ベルリン大学総長となる。主著に『精神現象学』『法の哲学』などがある。

「私」と「社会」の接合

ヘーゲルは、古代ギリシア哲学におけるアリストテレス（P40参照）と同じような役割をになったと言えます。

アリストテレスは、師のプラトンの思想を受け継いで、古代ギリシア哲学を総括しましたが、ヘーゲルは、カントのドイツ観念論を受け継ぎ、それを発展させながら、**近代哲学を総括した**のです。

また、カントとプラトンは「理想主義」であるのに対し、ヘーゲルとアリストテレスは「現実主義」という対比もできます。

ヘーゲルの現実主義がなにかをごく簡単に言うと、「私（主観）」を「社会（客観）」と接合したことです。

それまでの近代哲学は、デカルトが「我思う」と言って以来、「私（主観）」を軸として発展してきました。しかし主観の問題は、現実の社会を生きるうえでなんの役にも立ちません。

そこでヘーゲルは、「私（主観）」を、近代社会のありようとうまく接合して考え、社会思想（歴史思想）と言うべきものを築いていったのです。

このヘーゲルの思想は、のちにマルクスの思想とあわさり、**ヘーゲル＝マルクス思想**として、哲学史上の一つの軸を形成していきます。

認識のプロセス

カントの認識論をおさらいすると、「客観の物自体は正確には認識できないが、主観に現れる世界（現象界）として客観的に認識できる」というものでした。

このカントの考えに欠点があるとすれば、主観の外部に「物自体」の存在を前提としたことです。「物自体」の存在を前提に、「主観（現象界）」と「客観（物自体）」という二元論になっていました。

カントの考えでは、「客観」は正確に認識できないことになっていますから、この論理では前提の「客観（物自体）」が存在するのかどうかも本当はわからないはずです。「客観」をめぐる課題が残りました。

このカントの残した課題に、ヘーゲルは著書『精神現象学』であっさりと次のように答えます。

「主観」の外の「客観」のことは考える必要はないし、「客観」の世界を前提にする必要はない。なぜならば、あらゆることは、「主観」という意識のうえでのみ経験されるものなのだから――。

「主観」と「客観」という区分け自体も、「主観」という意識のなかで立てられたものにすぎません。だから、**「意識のうえに現れることだけを問題にすればいい」「主観／客観の二元論はなんの意味もないよ」**と言うわけです。

言われてみれば、なるほどそう言えます。

そしてここからヘーゲルは、主観という意識のうえで、どのように物事が認識されているのか、弁証法の形をとった3ステップで「認識のプロセス」を示しました。

ポイントは、**人間の意識には、A（テーゼ）とB（アンチテーゼ）という二項対立の原**

理が働いているということです。
たとえば携帯電話について、人はどのように認識するでしょうか。
①はじめて「携帯電話」をもった人は、それをA「電話」として認識します。
②ところが、B「メール機能」もあると知って、はじめのAの認識がゆらぎます。
③A「電話」とB「メール」を統合して、新たにC「携帯電話」の認識をつくります。
このように、**AとBの2つの対立から、より統合されたC（ジンテーゼ）の認識に至る**のです。これが「弁証法」というものです。

C（ジンテーゼ）はまた新たな対立をもって、C（テーゼ）／D（アンチテーゼ）→E（ジンテーゼ）という運動を生みます。**「すべてのものはこうした変化の結果にある」**と、ヘーゲルは考えました。

先ほどの、「（客観も含め）あらゆることは、主観という意識のうえでのみ経験されるものである」の意味は、このような弁証法の運動で認識されたものが「客観」をつくっている、と解釈できるでしょう。

その際、当然ですが、それぞれの人間の意識でつくられた「客観」は、それぞれ微妙に異なります。普遍性はありません。携帯電話をあくまで「電話」として認識するのか、「メール」や「インターネット」として認識するのか、人によってちがうということです。人によって認識がちがうということは、認識にも個人個人の個性のようなものが関わっていると考えられます。

これをヘーゲルは、「認識のプロセスにおいては、〝自己意識〟が反映されている」と言います。

携帯電話を見ている自分は、携帯電話を見ている自分のことも意識しているのです。どういうことかというと、「モノを認識するとき、自分にとってこれはなにか、ということを意識している」ということです。自分との関係性ぬきに、モノを認識することはないということです。

理想にむかう発展系

弁証法によって人間の認識は深まっていくわけですが、ではこの人間の認識はどこにむかっているかというと、**「理想へむかっている」**とヘーゲルは言います。

ヘーゲルはまず、一人の人間の成長過程にたとえ、人間は、「意識」↓「自己意識」↓「理

ヘーゲルが唱えた弁証法における人間の認識のプロセス

人間の意識には
「テーゼ」と「アンチテーゼ」の
二項対立の原理が働いている

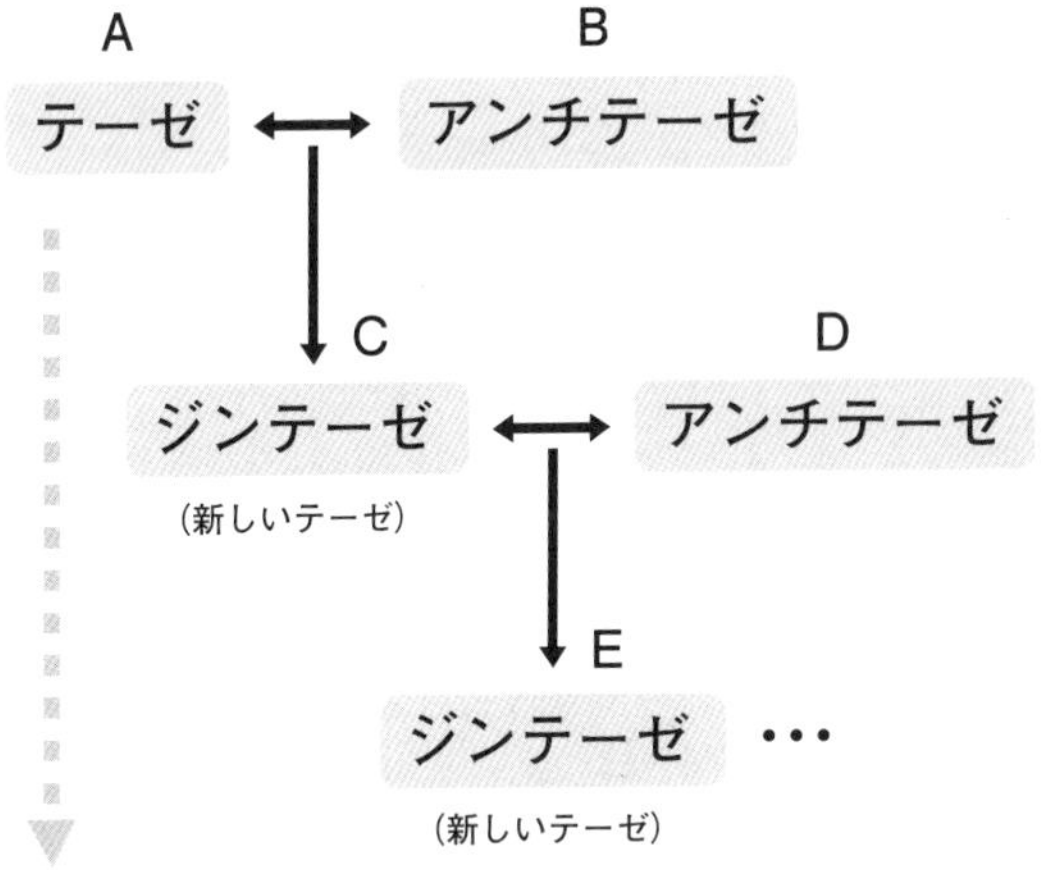

すべてのものは
こうした変化の結果にある

弁証法によって
人は自分なりに
認識を深めていく
そしてそれは
理想へとむかうのである

性」の順番で理想へむかうと説明します。

人間ははじめに、一つのものを「意識」し、それがなんであるかを深く知ってゆくと同時に、自分自身がなんであるか、社会と自己との関係で「自己意識」をつくっていきます。はじめの「自己意識」は自分が中心です。

しかし大人になるに従って、自分の存在が、他人や社会によって支えられていることに気づきます。そして、「理性」をもって、自己を「社会的な存在」として自覚し、社会のなかで調和と秩序をもった存在とするようになります。このとき、「社会的な存在」としての自覚は、「労働」と「教養」によってなしとげられると言います。

次にヘーゲルは、人間の認識プロセスを歴史に置き換えました。

歴史のはじめは、自分の「意識」が強く、他人の意見を無視し、争いが絶えず、強い者が主人となり、弱い者が奴隷となります。このとき、主人は奴隷の労働があって自分がいることを知り、また奴隷は労働を通して欲望を抑えることを知り、それぞれ「自己意識」を形成していきます。

古代においては未熟な段階にあった「自己意識」も、中世において普遍意識にたどりつきます。自己中心的な意識から、みんなにとっての普遍的な自己意識を得るのです。

近代において成熟した自己意識は「理性」となります。理性は、最初は自然のなかに自己を見出そうとしていましたが、やがて自分だけの納得ではなく、みんなのための納得を求めようとして、みんなのための社会を実現しようとします。

そしてヘーゲルの「理想」の社会像は、それぞれの欲望をぶつけあうのではなく、「国家」によって調停されるというイメージに落ち着きました。

国家は、自由勝手な争いを調停するだけでなく、「人倫」によって互いの価値を認めあう可能性をもっている、と言います。人倫とは、人と人の間にある共同的な道徳や秩序のことです。お互いの自己実現をめざす助けになるようなルールです。

そうしたルールの実現のために争ったのが、市民革命ということになります。

ヘーゲルの思想は、歴史の矛盾を克服することで発展をとげるという直線的な発展史観が一つの特徴で、このあたりは批判を受けています。

でも、個人の自由と、社会のルールが調和するような姿を模索した点では画期的でした。そこには、**「私（主観）」が社会とつながる**という、重要な考えがありました。

このようにヘーゲルが個人と社会の関係を考えるに至った背景には、ナポレオンのドイツ侵攻といった危機的な現実社会を生き、分裂状態のドイツがなんとかまとまってほしいという願いがあったことが考えられます。

【社会の矛盾は労働者の革命で解消される】

マルクス

1818年～1883年。ドイツ・トリール出身。ユダヤ人家系に育つが、６歳のときにキリスト教ルター派に改宗。革命運動に関わったとして、ドイツなどから追放。エンゲルスとともに『共産党宣言』を出版。主著に『資本論』がある。

科学的社会主義

マルクスの思想は、歴史、政治、経済がからみあったもので厳密な意味で哲学に分類することはできませんが、**現代思想に与えた影響は大きく無視できない存在**です。

マルクスがやろうとしたことは、簡単に言えば、「科学的に歴史の発展法則を解明すること」でした。**歴史の発展プロセスを「科学的に」解明**しようとしたのです。

１８４８年、マルクスは盟友の**エンゲルス**とともに**『共産党宣言』**を出版していますが、そこでは自らの思想を「科学的社会主義」と呼んでいます。

それは本当に科学的であったとは言えないのですが、「科学的」と言い切ったことで波紋を呼びました。

地球が太陽の周りを回っているのをだれもが信じるように、「科学的」という言葉に惹かれて、世界の多くの人がマルクスが言うように社会は変化していくのだと信じ込むようになったのです。

ヘーゲルの理想を否定

マルクス主義の基本思想を簡単に要約すると、次のようなことになります。そこには、ヘーゲル哲学の弁証法も用いられています。

①歴史の変化のプロセスには、弁証法的な運動の法則（テーゼ・アンチテーゼ・ジンテーゼの3段階）がある。この法則を動かしている原動力は「疎外《そがい》」である。この疎外によって内部に矛盾が生じて、その状態は終わりを迎える。

②①の変化のプロセスは、人間の力ではコントロールできないもので、内部にある矛盾が解決されるまで繰り返す。内部の矛盾がなくなると、疎外もなくなり、この変化のプロセスを動かす原動力もなくなる。

③変化のプロセスが終わると、人間が自分の力でコントロールし、自由と自己実現を達成できる社会になる。この社会は、個人がばらばらに活動するような分断された社会ではなく、個々の人生とは比べものにならないほど、大きく充実した全体のなかに、個人が吸収される有機的な社会である。

ここまではヘーゲルの思想のうえに積み上げた思想と言えますが、マルクスは、ここからヘーゲルの思想の弱点を補強していきます。

ヘーゲルの理想の国家のイメージは、「人々が他人との関係で自分の意味を確認し、〝労働〟と〝教養〟を適切に積むことで、社会のなかで生きるうえでの〝人倫〟（人間の社会的な本質）を身につけ」、また「その人倫の高次の表れである国家が、人々の欲望のぶつかりあいを調停してくれる」というものでした。

これは**マルクスには理想主義的に映りました。**

現実の状況を見ればわかります。

「労働」と「教養」を積めば「人倫」が養われるということはありません。いっぱい働いて、いっぱい勉強した人が倫理観をもっているとはかぎりません。

また、国家（近代国家）は、人々の欲望を調停してくれるわけではなく、むしろ人々の欲望を保証してくれます。国家は、お金をもつ人がもっとお金をもつことを許してくれます。

なぜそうなってしまうのか？　ヘーゲルは弁証法的プロセスを「人間の精神の動き」から見ていましたが、マルクスは**「物質的なものの動き（＝お金の動き）」**から解き明かそうとします。

お金に還元された労働の悲劇

まず、なぜ人間は働くのか考えてみましょう。

それは直接的には食べるため、ではありますが、食べるものに困らない人でも働くことがあります。たんにモノをつくったり考えたりすることを生き甲斐としている人もいます。

つまり、「労働」とは、自分の知識や体力を使って自分を表現するものであり、その表現の先には、その表現物を通して（＝労働によって）、他人と関係を結ぶことがあるのです。

たとえば、自分の労働で得た野菜を、他人がつくったチーズと交換するとき、「お互いに欠かせない存在であることを確認しあう」ということが起きています。これが、ヘーゲルのいう「人倫」を見出すことになります。たんにモノを交換しているのではありません。

ところがここに「お金」がからんでくるとどうなるのか？

「労働」は賃金という「お金」に還元されます。そして、野菜とチーズを交換することは、たんにお金に還元された「価値」を交換しているにすぎなくなります。そこには、労働者が「お互いに欠かせない存在であることを確認しあう」という関係はなくなります。人倫は築けません。だから、労働はたんに消費される欲望の量を表現するものにすぎなくなります。

これをマルクスは、「労働は〝お金〟の原理によって〝疎外〟されたものとなる」と言います。人間の「労働」は、「お金（賃金）」に置き換えられ、「お金をもつ者（資本家）」にとっては、これは「お金を増やすための手段」であり、「労働力商品」になります。労働者は、お金をもつ者によって支配されているのです。

どれほど「労働」を積もうと、労働者はもちろん資本家でさえも自分の人倫を深めてゆくことはできません。すべてが「お金」という価値に還元されてしまう資本主義社会では、いくら働いても他人に対する倫理性（人倫）は築けないのです。本来、人間を豊かにする労働が、なんの豊かさも生まない労働のための労働になってしまうのです。

このように、お金に還元された労働の悲劇を分析したマルクスは、さらに、「労働者」と「資本家」の階級の格差の問題に切り込みます。今日も世界中で問題となる「格差」を発見したのはマルクスでした。

マルクスは、労働者／資本家の構図においては、資本家はより富を増殖させることができる一方、労働者はどんどん搾取されると言います。

その原因は、経済的基盤（生産手段の所有／非所有）だと言います。生産手段（土地や工場など）をもっているか、いないかが、格差の大元にはあると言うのです。

生産手段をもつ資本家は、労働者に労働させるが、労働に対する対価は不十分にしかやってこない。だから、格差はどんどん広がる、と言うのです。

国家は労働者／資本家の間の調停をしてくれません。では、この格差をどう解消するのか？　ここからマルクスの**「革命理論」**となります。

近代科学技術は発達をつづけますが、いい思いをするのは生産手段を所有する資本家たちです。一般大衆は生産手段を所有していないので、いっそう疎外され、さらに貧しくなっていきます。大量の失業者が生み出されます。

2つの階級の対立が激しさを増していきます。するとどうなるか？

ついには、数のうえで圧倒的に優勢な労働者階級が資本家階級を打倒し、生産手段を自らの手に収めることになります。これが革命です。

この革命によって歴史は終わりをつげるのです。すべての歴史的な出来事はこの到達点

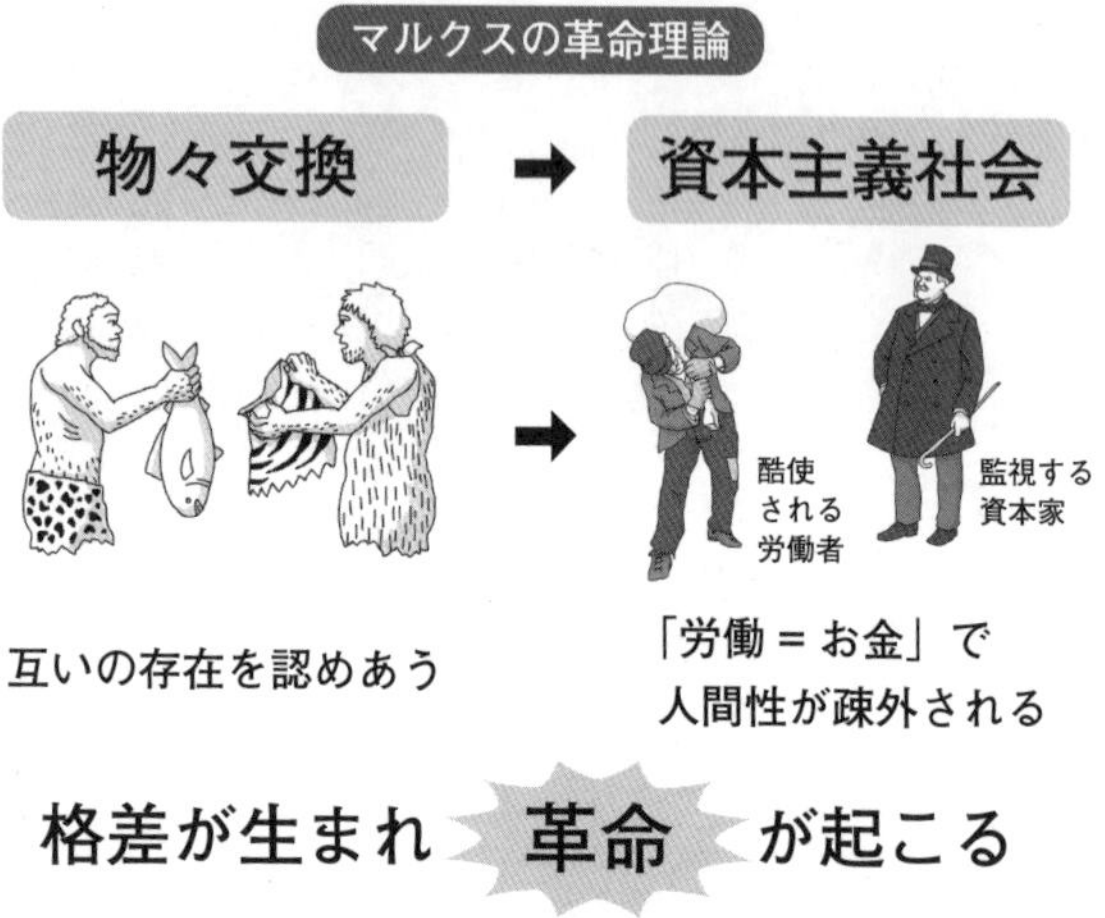
マルクスの革命理論
物々交換
資本主義社会
酷使される労働者
監視する資本家
互いの存在を認めあう
「労働＝お金」で人間性が疎外される
格差が生まれ
革命
が起こる

をめざして必然的にすすんでいくと言います。

これがいったん実現されると、もはや弁証法的な変化のプロセスは起きません。これは前述の歴史の変化のプロセス通りです。

階級分裂はなくなり、生産手段は万人の所有物となり、万人の利益のために使われます。政府もいらなくなり、ものごとの管理と運営だけが行われればよいのです。政府の抑圧もなくなり、人々は自由に自己実現を果たすことができるのです。

現実社会を動かす

こうして「科学的」とされ、「未来を予

言している」とさえ言われたマルクス主義は、特に発展途上国の知識人を魅了しました。マルクス主義には中央集権的な経済計画と管理を呼びかけるところもあり、そこに魅了された人々もいました。

「計画にもとづく解決」とは、まさに合理的精神の表れのように思われたのです。ロシア革命（1917）、中華人民共和国の成立（1949）など、マルクス主義は大規模な共産主義運動となって歴史上に痕跡を残していきます。

しかしすでに明らかなように、マルクスの理論はその予測とは異なっており、**世界のどこを見渡しても、マルクスの言うように変化のプロセスがすすんだところはありません。**

それどころか、マルクス主義にもとづく政治運動が権力を握ると、例外なく官僚による専制が起き、マルクスの構想とはほど遠い社会が生まれています。

第3章
近代思想を揺るがした哲学者

本章を読むにあたって

ここまでをもう一度おさらいしておきましょう。

古代ギリシア哲学は、「世界はどうなっているのか？」を問題にしていました。

近代になると、この問題は急速に発展する自然科学に託されるようになります。代わりに近代哲学が扱った問題の中心は、「私たちは世界を正しく認識できているのか」という認識問題でした。

簡単に言うと、哲学で扱う問題が、「客観（世界）」から「主観（私）」へ転換したと言えます。

近代哲学の一応の結論をだしたのはヘーゲルでした。彼は、「客観というものは考える必要はない。すべては主観という意識に現れた世界でしかない」とします。そのうえで、主観における認識問題を社会や歴史と結びつけ、認識のプロセスによって人間も社会も歴史も理想に近づくという考えを示します。

この考えはマルクスの手によって発展させられ、19～20世紀思想のメインストリームとなります。

以上の流れのうえにある思想を「ヘーゲル主義」とすれば、そこには属さない**「反ヘー**

ゲル主義」とも言うべき多様なタイプの思想も生まれていました。

ここで紹介するのは、キルケゴール、ハイデガー、サルトルへと連なる実存主義、ニーチェの力の哲学、フッサールの現象学、フロイトの無意識、メルロ＝ポンティの身体論、バタイユのエロティシズム、アメリカで展開したプラグマティズム、ウィトゲンシュタインの言語ゲーム論です。

それぞれは、さまざまなアプローチをもっていて、バラバラに展開しているように見えますが、**意識と無意識、意識と身体、生と死といった対立軸**でとらえることができ、同様の問題意識もうかがえます。

また、ヘーゲル主義が理想（真理）をおいたのに対し、これらの多くの思想は、**理想（真理）を想定していない点でほぼ共通している**と言えます。

【人間は可能性によって生きられる】キルケゴール

1813年～1855年。デンマーク・コペンハーゲン出身で、人生の大半を同地で過ごした。実存主義の創始者。内面的な苦悩をかかえ、愛する女性レギーネとの婚約は破棄された。主著に『死に至る病』『不安の概念』がある。

実存主義とは？

反ヘーゲル主義の一つが、キルケゴールにはじまる**「実存主義」**です。

この時代、キリスト教を中心とする社会が崩れ、科学の発展によって大きく社会構造が変わり、たよりにすべき共通の価値観は失われつつありました。そんななか、人々はそれぞれが私的な悩みをかかえるようになります。たとえば、**「私とはなにか」**といった現代の私たちの悩みにも通じるものです。

こうした問題を扱ったのが「実存主義」と言えます。

キルケゴールは、ヘーゲルの思想が隆盛を極めていたころに著作活動に励んでいます。

その著作内容はあまりにも時代の先をいきすぎていたためか、当時はまったく注目されませんでした。

しかし、たまたまある牧師がその思想に傾倒し、デンマーク語の彼の著作をドイツ語に翻訳したことから、ハイデガーやサルトルなどに影響を与え、20世紀の「実存主義」の流行を生んでいったのです。

死に至る病＝絶望

キルケゴールの思想は、意外と簡単に理解できるかもしれません。彼の著書のタイトルの**『死に至る病』**が、すべてを言い表しています。

人間には必ず「死」が訪れます。人間は死に至る存在なのです。どんな人生を送ろうと、いつかは死ぬ。だから、人間はいつも絶望している、と言います。

「死に至る病とは絶望のことである」

こう述べるキルケゴールにしてみると、死によって限界づけられている人間は、「絶望する存在である」となります。

もちろん動物や虫も死に至る存在ですが、動物や虫には精神がないので絶望しません。

人間には精神があるので絶望します。キルケゴールはこのように説明しています。

キルケゴールによれば、精神のある人間は、「自己自身を定立」しようとすると言います。人間は、私は何者なのかを確立しようとします。しかし、死が避けられない人間は、どの道をたどっても途中で挫折して絶望すると言います。

絶望の2つのパターン

キルケゴールは、「絶望」に至るパターンを大きく2つに整理しました。

①無限性・有限性
「無限性の絶望」は、人類、歴史、運命といった無限なものに自分を一致させようとしますが、自分の存在というのは稀薄になって、結局、挫折して絶望するというものです。たとえば、宗教や社会変革、芸術などの理想を追い求めても、自分の存在が具体性のない抽象的なものになって絶望するというものです。

一方、「有限性の絶望」は、具体的な現実の生活のなかで、立派な親や有能な社会人といった、世間から価値があるとされる自分になろうとしますが、それは一時の有限なものなので、やがて本当の自分を見失って絶望するというものです。

②可能性／必然性

人間は、「可能性」によって生きられる存在です。どんなみじめな生活をしている人間でも、将来にさまざまな可能性があることで、現在の生活も決してみじめなものと感じることなく生きてゆくことができます。

ところが、いったん「可能性」がなくなると、すべてが「必然」（＝変わる可能性がない状態）になって、「絶望」においこまれます。

どんなにお金があって、大きな権力をにぎって、高い地位にいても、たとえば「死」を宣告されれば、将来への可能性は奪われ、絶望に陥ります。

また、「運命ははじめからすべて決まっているのだから、どうがんばったところで、このみじめな生活から抜け出せない」と考えるような宿命論者は、「可能性」を見出せず、絶望するのです。

それに対し、可能性さえあれば、人間は生きることができます。

このことを突き詰めると、もっと大事なことがわかります。

たとえば、大学合格をめざした学生は「可能性」があります。しかしいったん、大学合格という可能性を実現してしまうと、一瞬、満足感を得ることができますが、そのとき彼は可能性がない状態におかれます。生きる目的のようなものがない状態です。

そこで、さらに次の可能性を見出します。大手企業への就職という次の「可能性」を見出すことで、また生きることができるのです。

つまり、**人間が生きるために必要なものは、たえず「可能性」があることで、決して「可能性の実現」ではない**ということです。

神はすべてが可能

人間はあれこれの可能性をもって生きることができます。

その可能性が実現したり、失敗して絶望したり、あるいは可能性がなくなって絶望したり、あらゆるプロセスをとりますが、**最終的には「死」という絶対的な不可能性にぶちあたって、絶望します。**だから、「人間は絶望する存在である」ということになります。

では、どうすれば絶望から逃れられるのでしょうか？

キルケゴールはこの問いに、「神」を用いて説明しています。

簡単に言うと、人間は「死」によって「可能性」がなくなり「絶望」するのだから、「死」

必ず訪れる「死」をどのようにとらえるか？

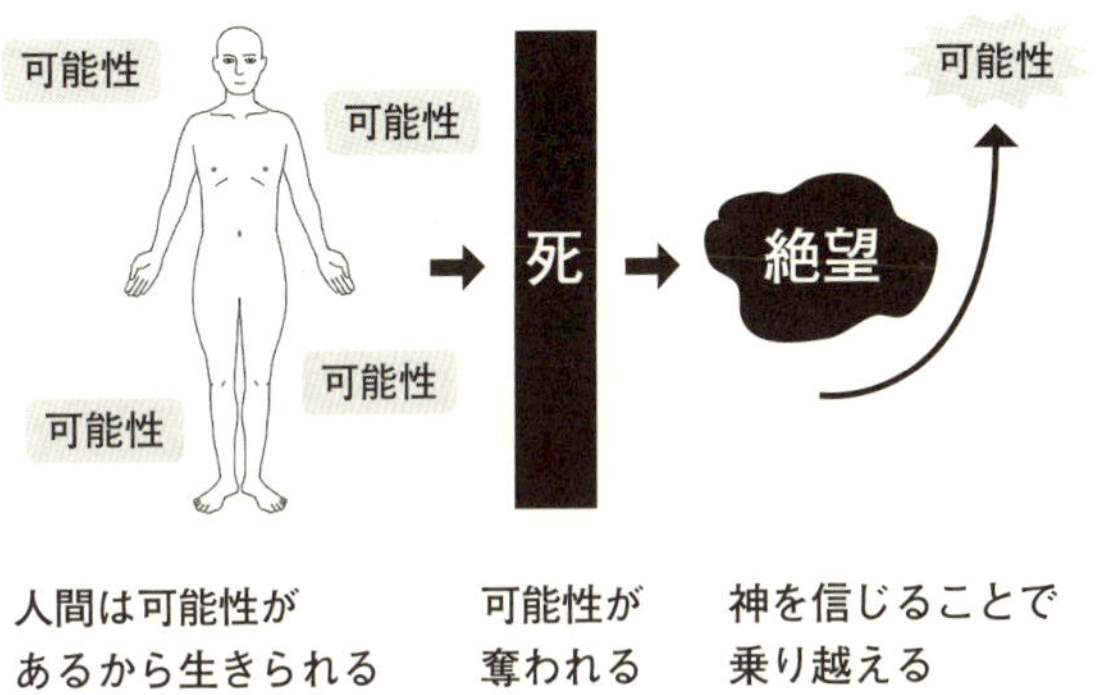
可能性
可能性
可能性
可能性
死
絶望
可能性
人間は可能性があるから生きられる
可能性が奪われる
神を信じることで乗り越える

をも乗り越えるような「可能性」を用意してあげればいいということになります。

そこで「神」です。**「神はすべてが可能である」と信じることで、絶望することなく生きることができる**のです。

ちなみに、このキルケゴールの「神」への信仰は、「信じることによって救われる」というキリスト教の信仰とはちがいます。

キルケゴールの信仰は「絶望の淵においやられた末に、信じることに可能性を見出す」というような態度です。最後の最後の「可能性の形」と言うべきものです。

人間のほうから社会・歴史を見る

最後に、キルケゴールの視点からヘーゲ

ヘーゲルとキルケゴールの視点のちがい

どちらの立場から人間を見るか？

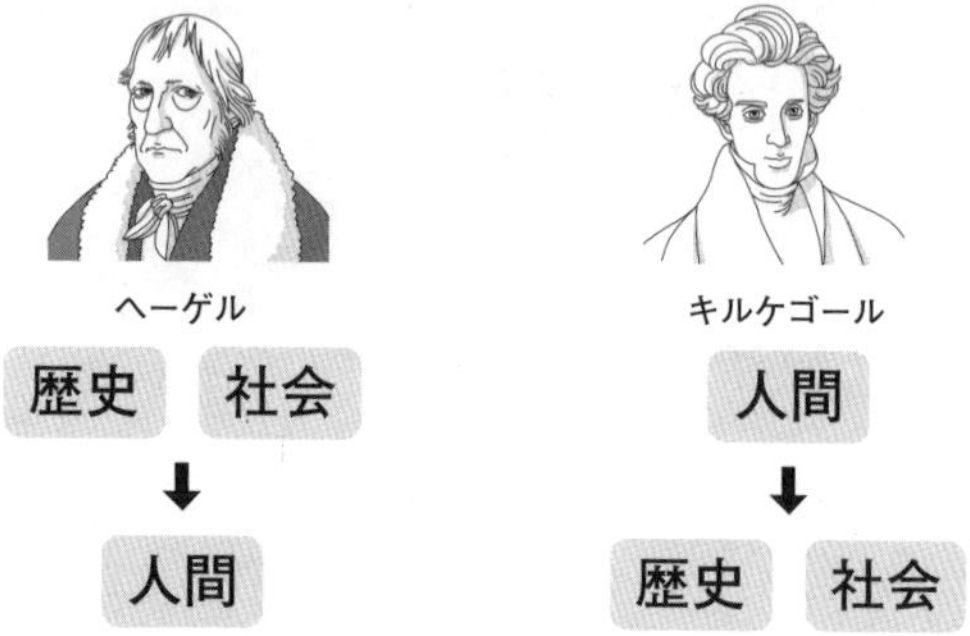

ヘーゲルやマルクスは歴史や社会から人間をとらえようとしたが
キルケゴールは人間のほうから歴史や社会をとらえた

ル主義を見直しておきましょう。

視点のとり方としては、ヘーゲル（やマルクス）は、「社会」や「歴史」のほうから「人間」をとらえようとしたのに対し、キルケゴールは、**「人間」のほうから「歴史」や「社会」をとらえました。**

またヘーゲルは、「社会や歴史との関わりのなかで、人間は倫理的な存在になる」としました。

しかし、キルケゴールに言わせれば、「どんなに社会や歴史と関わろうと、人間は倫理的な存在にはならない。それは理想であって、その理想に自分を一致することはできず、結局は無限性の絶望に陥る」ということになります。

キルケゴールは、一人ひとりの人間の

ことを見ていました。

一人ひとりの人間は交換不可能な固有の課題を抱えています。いくら社会が理想的な状態になって、歴史も理想にむかっても、結局、個人の課題と関係がなければ、個人は社会や歴史のことを考えません。個人が社会や歴史を考えるのは、唯一、それが個人の可能性の一つとして結びついたときです。

キルケゴールの考えでは、「社会や歴史があって人間がいる」のではなく、まず「人間が生きるということがあって、その生きるために必要な可能性のなかの一つとして社会や歴史がある」ということになるのです。

【弱者になるな！　生きることを肯定せよ！】

ニーチェ

1844年〜1900年。プロシア（当時）・レッケンで、プロテスタント牧師の家庭に生まれる。20代半ばでバーゼル大学教授になるが、退職して著述に没頭。40代半ばに精神異常をきたし、56歳で没した。主著に『ツァラトゥストラはかく語りき』がある。

キリスト教は弱者の思想

反ヘーゲル主義の流れをつくったもう一人の哲学者がニーチェです。

ニーチェは、ヘーゲル主義や近代哲学だけでなく、キリスト教以来の西洋思想すべてをとらえなおし、痛烈に批判した哲学者です。

ニーチェの思想でポイントになる言葉が**「弱者」と「強者」**です。ニーチェの定義によれば、「強者」は自分の行為が絶対に良いと考え、自分の欲望のままに生きることを積極的に楽しむことができます。これに対し、「弱者」は自分の行為が良いとは考えられず、強者に対する**「ルサンチマン（うらみ）」**をもっています。

すると弱者は、ルサンチマンの感情を原動力に、強者の人間の価値を引き下げ、自分の価値を相対的に高めようとします。簡単に言えば、「強者は悪い」「弱者は良い」と考えるようになります。

ニーチェは、この原理をキリスト教の思想にあてはめます。

キリスト教は、ローマ人に支配されたユダヤ人のなかから生まれたものです。ローマ人に対するルサンチマンをかかえたユダヤ人が、「強者のローマ人は悪い」「弱者のユダヤ人は良い」とみなし、受け入れ難い現実を打ち消そうとしたところから発祥したと考えられるのです。つまり「神」というものは、ルサンチマンをかかえた人間がつくりだした、ということになります。

「神は死んだ」というニーチェの有名な言葉がありますが、これはキリスト教的な道徳を批判した言葉ではありません。**神が人間をつくったのではなく、人間が神をつくったということを暴き、それを端的に言い表した言葉**なのです。

さて、キリスト教が与える教義は弱者のためのものとなりました。

たとえば、「貧しきものこそ幸いである」のように、キリスト教は、弱者、貧者、苦悩が大きいほど、「神」に近づき、幸せなのだと考えるようになっています。

よくよく考えれば、これは屈折した考え方です。だれでも豊かであるほうがいいに決まっているし、そうなりたいと考えるはずです。

しかしキリスト教では、貧しいほうがいいと考えるのです。弱者は弱者のままでいいとするのです。弱者にとっては、この世の強者と弱者の秩序はなんとも動かし難いものだから、その秩序はそのままにして、心のなかでその価値の逆転をはかる、ということをやっているのです。

結局、キリスト教がやったことというのは、弱者の発想を固定したことでした。この世では目の前の秩序を受け入れることで、現実的な可能性を奪い取り、あの世（神の審判のあと）の生において救いが得られる、幸せが得られるとしたのです。

ニヒリズムに陥りやすい西洋思想

ここまでが、ニーチェが見るキリスト教の禁欲主義的理想です。

では、キリスト教への信仰が揺らいだ近代以降はどうなったかというと、ニーチェによると、基本的な構造は変わらなかったと言います。

近代になり、キリスト教に代わってこの世界の意味を教えてくれたのは哲学でした。

そこで示されたものは、ヘーゲル＝マルクス主義のように、「世界（社会）は矛盾に満ちていて理想の状態とは言えないが、矛盾のない世界は存在するはずで、この社会の矛盾を解消して、理想の状態に変えていかなければいけない」というものでした。

しかしニーチェによると、**「矛盾のない世界は存在するはず」というのは「まったくの偽り」**だと言います。矛盾のない世界は存在しないのです。

つまり、キリスト教における「あの世の救い」のように、近代哲学は「矛盾のない世界」をおきました。ともに、存在しないはずの理想状態を将来においたのです。だから、禁欲主義的な構造はずっと変わっていないと言えるのです。

理想状態を将来において、その可能性を信じておいかけるのはいいのですが、恐ろしいのは、それが不可能だとわかったときです。

人間はそこで深い絶望に陥ります。ニーチェの言葉で言うと、**「ニヒリズム（虚無主義）」**を呼び寄せてしまうのです。以上、キリスト教以来の西洋思想は、一貫して、ニヒリズムに陥りやすい構造にあったということが言えるのです。

力への意志

では、ニヒリズムを克服するにはどうしたらよいのか？

ニヒリズムは、「本来そこに存在しないはずのものを求めたときに、それは存在しないので、結局は挫折することで起きる」ということがわかりました。

ならば、本来は存在しないようなことを求める行為をやめればいいのではないでしょうか？

この世界には、「強者」と「弱者」がいます。少数の強者が、多数の弱者を利用して自分の欲望を実現しています。

近代哲学では、「これは矛盾した世界だから変えるべき」と考えますが、ニーチェはこの考えが間違っていると言います。

そうではなく、**「強者が弱者を利用して支配する世界」を認めるべき**なのです。「強者が弱者を利用して支配する世界以外にはどんな世界も存在しない」と考えるのです。

この世にあるのは、目の前の事実のみです。だから、その事実のみを認めるのです。目の前の事実を認めることによって、理想を追うような行為は断念できます。これで、理想の追求に挫折してニヒリズムに陥ることはありません。

でも、矛盾した現実があるだけで、理想を追ってはいけないとなったとき、人間はどうやって生きればいいのでしょうか？

人間が生きるうえで基準となるような、新たな価値をつくる必要があります。

ニーチェの「超人」思想とは？

ニーチェはキリスト教や近代哲学のように
「理想」へとむかう思想を否定した

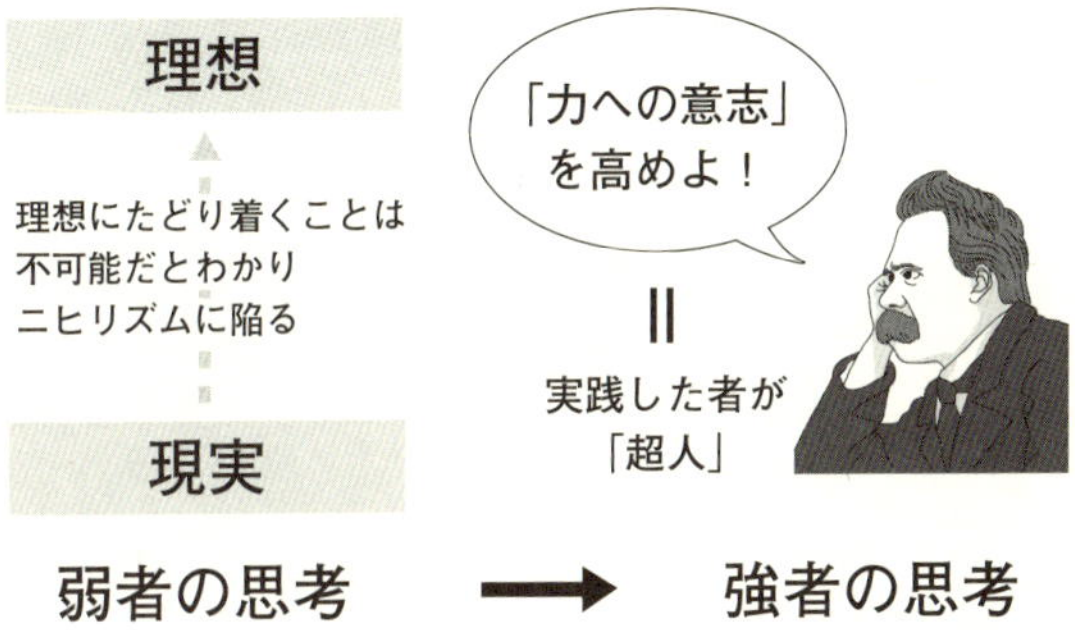
理想
理想にたどり着くことは
不可能だとわかり
ニヒリズムに陥る
現実
「力への意志」
を高めよ！
||
実践した者が
「超人」
弱者の思考
強者の思考

そこでニーチェが立てた仮説が、**「力への意志」**を高めることでした。

「力への意志」は、「権力への意志」と誤解されることがありますが、これはちがいます。

それまでの西洋思想は、弱者の思想で、苦悩、不幸、悲惨といった生きることに対して、それを否定するようなイメージを与えていました。

これを強者の思想に変えます。**人生は自分の思うままに自由に生き、自己実現を図るべきだと考え、貪欲に生きることを肯定する**のです。こうした衝動が「力への意志」です。このような自己の能力を最大限に伸ばした人間は、一種の超人的な存在であるため、**「超人」**と呼びました。

「力への意志」による生き方は、簡単ではありません。世界に真理が存在しなくても、生きることに絶対の意味が存在しないとしても、現実の事実を受け入れ、なおも世界に自分なりの価値や意味を見出そうとすることが求められるからです。苦難が訪れても、それを受け入れて、生きることを肯定しようとします。

しかも苦難は何度も訪れます。理想のような目標をおかないということは、終わりがないことです。つまり、意味も目的もなく同じようなことが何度も繰り返す状態になります。このような**「永劫回帰」**と呼ばれる状態を生きつづけなければなりません。

ファシズム哲学ではない

もう一度整理すると、ニーチェの最大の功績は、一つの問題提議にありました。キリスト教が言うあの世の救いはないし、近代哲学が言う理想的な社会というものもないのだから、弱者の視点から発想されたこのような前提を捨て去るべきである。そして、既存の価値観に代わる、新たな価値観をつくる必要があるのではないか――。

これに対してニーチェが用意した答えは、現実の事実を受け入れ、自己の生を肯定するということでした。

そこで現れる「超人」「力への意志」という言葉は大きな影響を及ぼしましたが、悪いことに、ファシズムの創始者ムッソリーニやナチスのヒトラーを触発し、政治宣伝でさかんに引用されてしまいました。そしてニーチェは、ファシズム哲学の代弁者のように捉えられてしまいました。

しかし、実際のニーチェは、愛国主義者でも反ユダヤ主義者でもありませんでした。

実際のニーチェの思想は信仰心がもてなくなった現代人に一つの指針を示しているといえます。

まず生きることを肯定する。そして、矛盾に満ちた現実であっても、それを美化してごまかさず、人生にひるまず立ち向かう。

ニーチェの哲学は弱者を慰めてはくれませんが、だからこそ、ポジティブに生きるための劇薬になるかもしれません。

【真理も客観もないとした現象論】

フッサール

1859年〜1938年。オーストリア帝国プロスニッツ（現チェコ領）出身。数学、論理学からスタートし、現象学を樹立。ユダヤ人のため、ナチスの迫害を受けて大学を去り、晩年は執筆活動に専念する。主著に『イデーン』がある。

「客観」は存在しない

反ヘーゲル主義の哲学として、キルケゴールの「実存」とニーチェの「力」の哲学を見てきましたが、この２人とはまたちがった方向から、ヘーゲル主義と対立する思想を打ち立てたのがフッサールです。

彼は、**「現象学」**という新たな思考法を打ち立てたことで知られます。

フッサールの現象学は近代哲学の認識問題をテーマにしています。

おさらいになりますが、近代哲学の認識問題とは、「意識に現れた世界（主観）と、意識の外にある実際の世界（客観）は、一致するのか？」というものでした。

これに対して、デカルトは「神の存在によって一致する」とし、カントは「一致しない」としました。

ところがフッサールは、**「そもそも、一方に〝主観〟があり、もう一方に〝客観〟があるという前提が間違っている」**と、問題設定そのものを疑います。

そのうえで、「なぜ〝主観／客観〟の前提がでてきたのか？」「意識の外に〝客観〟なるものはあるのか？」と、問います。

たとえば、ここにリンゴがあるとします。近代哲学では、〝客観〟としてのリンゴがあることになります。とりあえず、この前提は生かしておきます。

意識のうえにリンゴが現れます。するとふつうは、「ここにリンゴがある」と確信しますが、この確信はどこからやってくるのでしょうか？

他の人が、「このリンゴをむいて食べよう」と言ったとします。他の人も「ここにリンゴがある」ことを了解しているということです。すると、このことによって、「ここにリンゴがある」という確信が生まれると考えられます。

つまり、何人かのあいだで（＝主観と主観のあいだで）、「リンゴがある」ということが一致することで、ある個人（主観）において、「ここにリンゴがある」ことが確信できるということです。

この確信が、「リンゴがある」という「客観」をつくり出しているのです。

フッサールは、「客観なるものはない」と言います。**「主観と主観のあいだで共通する部分が客観と勘違いされているだけ」**なのだと言います。あるのは、「主観に生じる〝確信の構造〟」だけということです。

このように、主観のうえで認識されたことだけを問題にし（認識されないものは、わきにおいておく）、すべてを主観のうえの現象として扱うことから、この考え方を「現象学」と呼びます。

主観と主観のあいだで共通する部分は、私たちが一般に「客観」と呼ぶものです。

主観は一人ひとりちがいますから、ある2人のあいだで成立した「客観」も、別の人がやってきてちがうことを言えば、その「客観」は揺らぐかもしれません。

このように「客観」とは最終的な動かし難いものとしてあるわけではありません。いつでも否定される可能性をはらんでいるということです。

ものごとの本質はあいまい

ここまで見た、「リンゴがある」というような、モノの存在をめぐる問題では、その確信が揺らいだり、他人と対立するようなことはないでしょう。

ところが、「正義とはなにか?」「社会とはなにか?」のように、「ものごとの本質」を問うような問題になると、確信はあいまいなものになります。

私が「正義とは絶対に正しいこと」と確信していて、友人も同じ意見であれば、その確信は強まります。しかし、別の友人のグループに出会って、彼らが口をそろえて「絶対に正しいことなどない。正義の基準は人による」と言えば、私の確信はゆらぎます。

私たちは、「ものごとの本質」をめぐって自分なりの意見をもちますが、それはとてもあいまいで、他人と確かめあうというプロセスがなければ強い確信になりません。

なぜ「ものごとの本質」をめぐる確信はいつもあいまいなのかというと、それは「言葉によってしか表現されないという事情による」と考えられます。

このことを説明するために、フッサールは**「本質直観(本質観取)」**という概念を示していますので、見てみましょう。

「本質直観」とは、リンゴならリンゴがあると認識するときに、リンゴの存在を認識するとともに、**リンゴの本質的な性質や意味(丸い、赤い、甘酸っぱい、など)も認識しているる**ということです。

この「本質直観」は、リンゴなどの存在するものだけでなく、「正義」「社会」「自由」「勇

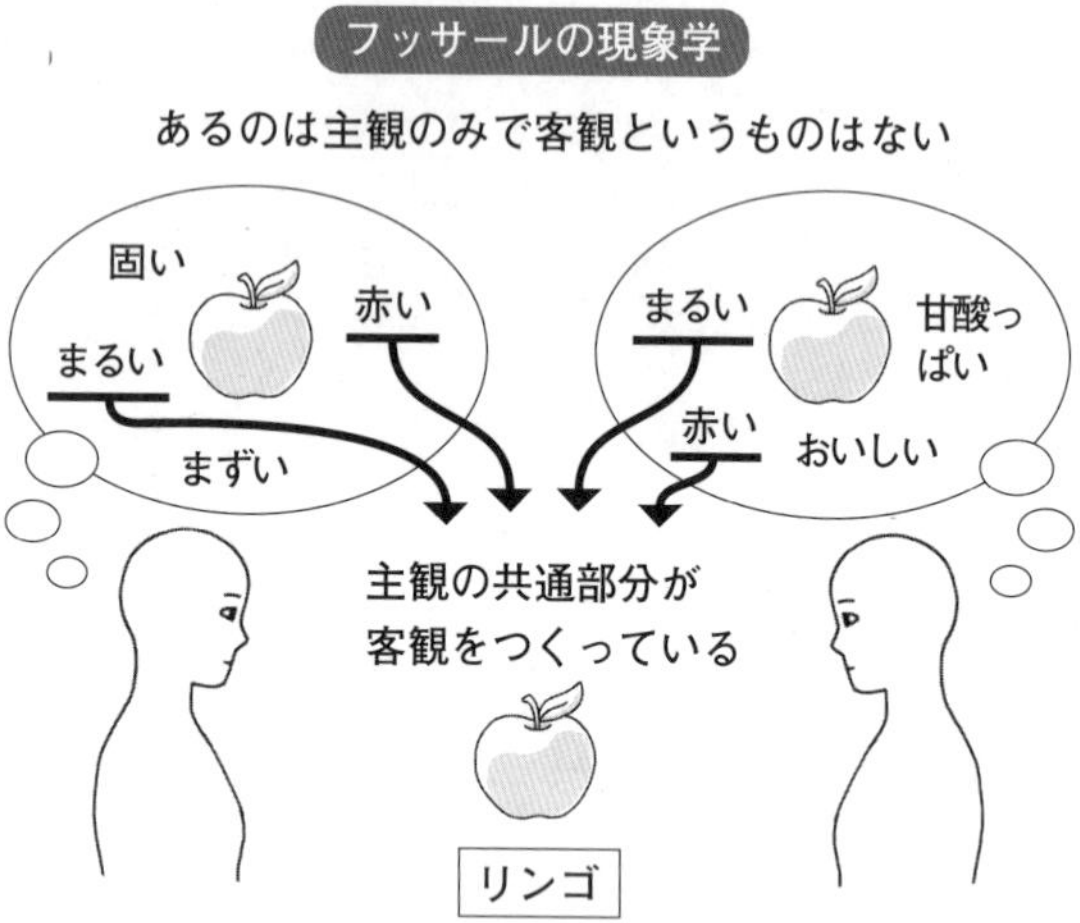

気」など、モノとして存在しない「概念」に対しても同じ働きをします。人間は「概念」に対しても、その本質的な性質や意味を認識します。

「正義とは絶対に正しいこと」のように、すでに個人のなかには、正義とはこういうものだという**「確信の像」（＝超越）**があります。

この「確信の像」はどこからくるかというと、先に見たような、「自分自身の確信と、他人からくる確信によるプロセス」ということになります。

では、「なぜ、ものごとの本質をめぐる確信はいつもあいまいなのか」という問題に戻ると、「正義」「社会」「自由」「勇気」などの概念は「言葉」によって存在しているからです。

言葉の意味は、その言葉そのものからくるイメージによって成り立っています。

つまり、「正義とは絶対に正しいこと」という人と、「正義は価値観の表れ」という人では、「正義」という言葉から受け取るイメージ（色、温度、重さ、広がり、など）が異なります。だから、「ものごとの本質をめぐる確信はいつもあいまい」なのです。

では、人々は「正義」という言葉をまったくちがう意味として確信しているかというと、そうではありません。あるところはだれもが共通して認めています。そうでなければ「正義」という言葉が機能しません。あるところは確信しあいながら、そのうえに、それぞれのニュアンスのちがいをもっている、ということになります。

言葉に、共通の部分とあいまいな部分があるのは、言葉ははじめから決まった意味をもっているものではなく、主観と主観のあいだの「確信の構造」を通して覚えながら使っているという事情があるからでしょう。

真理は存在しない

哲学は、真理を求めるものです。超越的な真理は、どこかにあることが前提になっています。

ところが、フッサールの現象学では「真理は存在しない」と考えます。**真理は人それぞれがもっているもので、「それらが完全に一致することはない」**と考えます。

では、真理が存在しないのに、なぜ人間は真理を求めるのか？

真理は、客観的に存在するのではなく、「主観」と「主観」のあいだだけに成立するものです。

注意したいのは、このとき、「主観」で生じる確信には、他人の確信が影響していますが、最終的には「主観」のうえでしか成立しないということです。「リンゴがある」という確信は、最終的には自分が行っていることです。

つまり、どんな真理も、個人の主観のうえだけに限定された確信としてしか現れないということです。

では、この真理は、まったくなんの根拠もないものかというと、そうではありません。「リンゴがある」と言うとき、この確信は、他人も「リンゴがある」と確信しているという思いからやってきます。

つまり、その他人と生きているかぎり、その確信を疑う理由はありません。「リンゴがある」ことは「真理」になります。

しかし、「リンゴがない」という人たちが新たに現れ、その人たちと生きねばならなくなったときに、「リンゴがある」という確信が揺らぐ、ということになります。

つまり、「この世界はどうなっているのか」のような真理をめぐる問題は、人間が他人との関係のなかで生きなければならないという事情から生じた問題であり、その関係性を表現していると言えるのです。

でも、ある限定された人間のあいだの関係性におけることなので、超越的な真理に至ることはありません。

このようにして、フッサールの現象学は、伝統的な哲学の真理の概念を一変するような展開を見せたのでした。

【人の心は無意識にコントロールされている】

フロイト

1856年～1939年。チェコ共和国プシーボル市（当時のオーストリア＝ハンガリー二重帝国モラビア地方）出身。父はユダヤ人の毛織物商人。精神分析学を創始。晩年はナチスのユダヤ人迫害によってロンドンに亡命。主著に『精神分析入門』がある。

意識のフッサールと無意識のフロイト

フッサールが「意識」を対象に人間の認識の仕組みを解き明かそうとしたそのとき、オーストリアのある開業医は、**「無意識」**という人間の闇に分け入り、心の働きをまったく新しい視点から説明しようとしていました。それが、フロイトです。

フッサールの「意識」に対し、フロイトの「無意識」と対比できますが、じつはこの２人には多くの共通点があります。２人とも１８５０年代後半に生まれ、１９３０年代後半に亡くなっています。２人とも、現在のチェコ共和国のモラビア出身です。２人ともユダヤ人で、ナチスの迫害にあいました。フッサールは大学から追放され、フロイトはベルリンの広場で焚書にあい、6人の子供のうち4人がナチスに虐殺されています。

そして、どちらも20世紀の思想に与えた影響は絶大だったと言えます。

無意識に不安や欲望が抑圧されている

フロイトは**「精神分析」**という新語をつくりましたが、この「精神分析」を確立するきっかけには催眠術がありました。

当時有名だったフランスの神経病学者シャルコーは、ある不安が原因で起こるヒステリー（神経症）を治すために、催眠療法を使っていました。

催眠療法は、患者を催眠状態において、暗示で身体症状を取り除くというものです。

しかしこれは結果として生じた身体症状を取り除くだけで、根本的な不安が解消されるわけではありません。暗示が解けて、また不安が襲ってくれば、症状は悪化します。

シャルコーの催眠療法をヒントにしたフロイトは、根本原因となる不安を取り除けばいいと考えました。そこでとった方法が、患者の心理的前歴を分析することです。

フロイトは神経障害に苦しんでいた自分を実験台にして、自分の心理的前歴を分析しました。すると、見事に病気を克服することに成功したのです。

この実験ではっきりしたことは、**「意識」の下には「無意識」という領域がある**ということです。

「無意識」には、不安の原因となるトラウマの記憶や、あらゆる欲望が抑圧されて閉じ込められています。これらの不安や欲望が抑えきれなくなって飛び出てきたときに、神経症が発症するのです。

問題を解決する方法は、抑圧して意識から遠のけようとしていた無意識の不安や欲望を自覚することでした。自覚することで症状は消えるのです。

ここからフロイトが確立した方法が、カウチ療法です。

患者をカウチ（寝椅子）に横にさせ、分析医が患者のうしろに座って、患者に思い浮かんだことをなんでも話させるのです（＝自由連想）。はじめは躊躇していた患者も、何ヶ月、何年もやっているうちに、どんどん話すようになり、神経症は消えます。

しかしなかには、核心にふれないように話をはぐらかす患者もいます。これは、治療によってもし神経症が治ってしまえば、もとの都合の悪い現実に戻らなければならないからです。だからそれを避けるために、患者は気づかないうちに、無意識の不安や欲望の核心にふれないようにしている、とフロイトは考えました。

いわば、無意識の抵抗です。逆に言えば、神経症の症状は、抑圧された不安が発した防衛反応とも言えるのです。

性的欲望がわかる夢判断

フロイトはいろいろな患者を診ているうちに、**無意識の不安や欲望というのは、夢に現れることがある**と気づきました。その欲望には、**性的なものが多い**のです。

夢には直接、性的なものがでてくるわけではありません。別の形にとってかわると言います。

ヘビはペニス、穴はヴァギナ、といった具合で、高いところから飛ぶことも性的行為のシンボルだと考えました。

これが**「夢判断」**です。なんにでも卑猥な意味を見つけたため批判も浴びましたが、無意識に抑圧された「性的な欲望」に注目したことは画期的でした。

当時の西欧社会は、「性」に対する厳しい見方があり、性的なことは蔑視されるほどでした。「性」を悪いものだと見る一種の「道徳規範」があったのです。

人々は「性」を考えることはしたないことだと恥じました。「道徳規範」によって、「性的な欲望」が抑圧され、無意識のなかに追い込まれました。

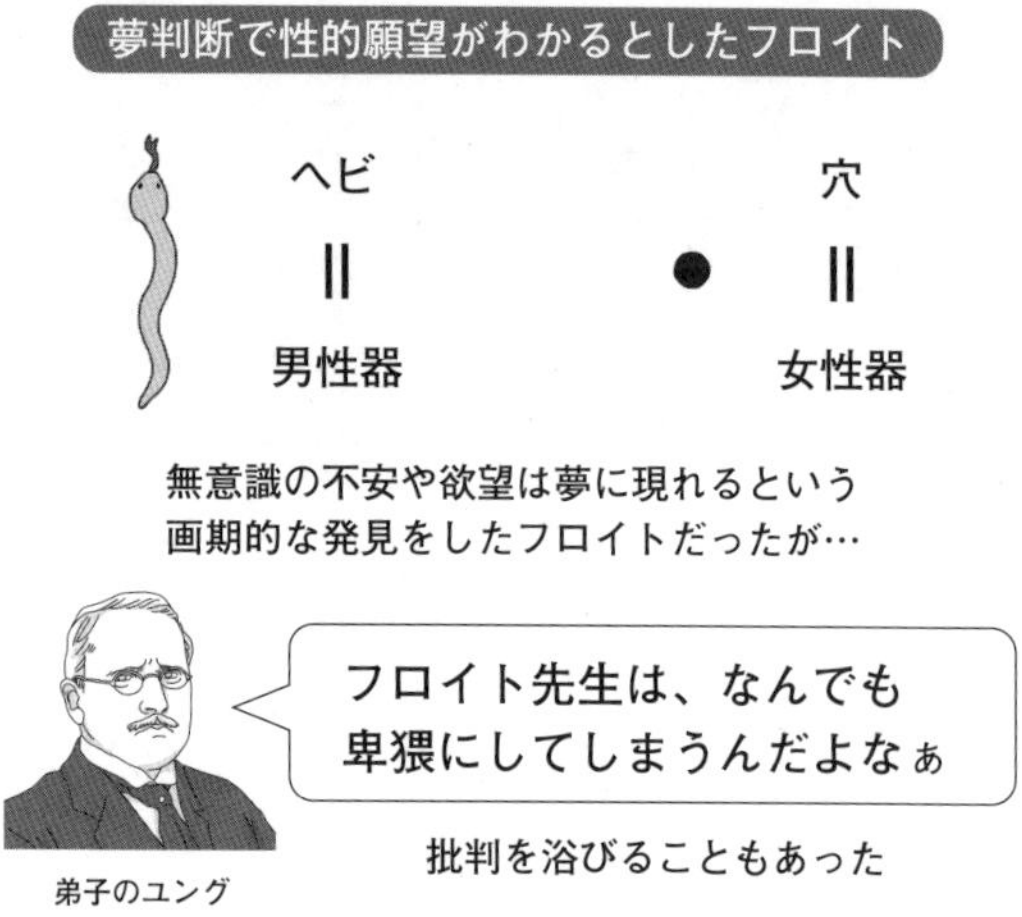
夢判断で性的願望がわかるとしたフロイト
ヘビ
||
男性器
穴
||
女性器
無意識の不安や欲望は夢に現れるという
画期的な発見をしたフロイトだったが…
フロイト先生は、なんでも
卑猥にしてしまうんだよなぁ
批判を浴びることもあった
弟子のユング

これが夢のなかで別のイメージとなって現れたり、悪いときには精神の病気となって現れるということです。あるいは、その人の性的な嗜好となって現れることもあります。

たとえば、子供のときに強烈なインパクトをもつ偏った性表現にふれてしまうと、それが無意識に抑え込まれ、やがて性的嗜好として現れるということです。

人間の心には、「性的な欲望」と「道徳規範」との葛藤があります。ここから発展させた一つの有名な理論が**「エディプス・コンプレックス」**（ギリシア悲劇で、父親を殺し母親と結婚したエディプス王にちなんだ名称）です。

フロイトによれば、性的な欲望というの

は、生後数ヶ月ですでに芽をだし、幼年期にはすでに現れると言います。

この一つの現象が、男の子が母親を強く愛し、父親に対するライバル心をもつというものです。男の子は、無意識のうちに、父親を殺して、母親と関係をもちたいと思っていると言うのです。

男の子には母親に対する「性的な欲望」がある一方、父親に対する畏れから、父親の命令にしたがい、自分のうちに「道徳規範」をつくりあげています。この両者の葛藤が心のなかで起きているのです。

「超自我」と「無意識の欲望」のバランス

フロイトは、親や社会との関係で内面化された「道徳規範」のことを、**「超自我」**と呼びました。いわば理想の自我ということです。

理想の自我である「超自我」は、社会的な自我の欲望でもあります。「人から認められたい」「信用を受けたい」「誇りを失いたくない」など自尊心にかかわる欲望です。

この「超自我」が「性的な欲望」に対して規制をかけるという関係にあります。

もしこのバランスが崩れ、超自我が強すぎると、欲望が無意識に抑え込まれ、神経症に

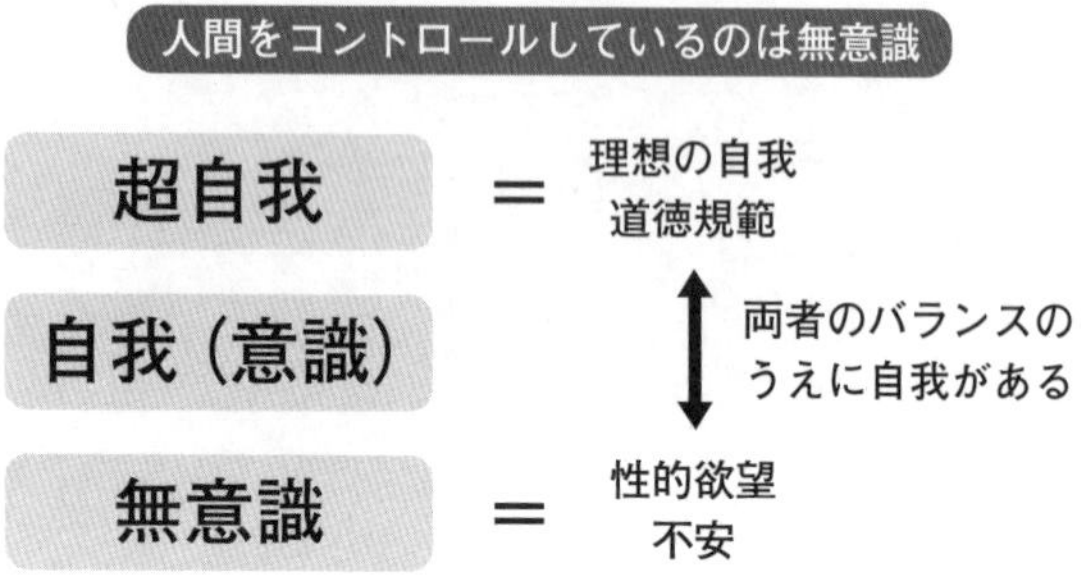
人間をコントロールしているのは無意識
超自我
＝
理想の自我
道徳規範
自我（意識）
両者のバランスの
うえに自我がある
無意識
＝
性的欲望
不安

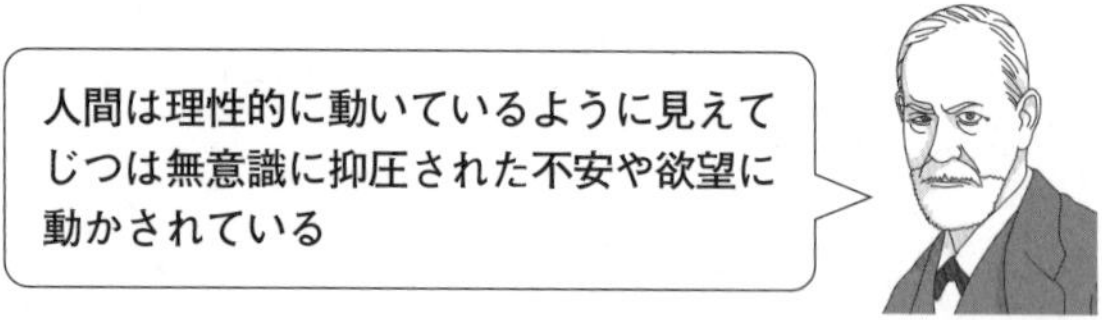
人間は理性的に動いているように見えて
じつは無意識に抑圧された不安や欲望に
動かされている

なります。超自我と欲望の葛藤が激しくなると、不安と緊張を増大させます。超自我がうまく働かなくなると、欲望がそのまま噴出し、無責任で衝動的な性向を現すようになります。

超自我と欲望のせめぎあいのうえにつくられるものが「自我」です。近代哲学が「理性」や「意識」としてとらえてきたものです。

こうして見てくると、「自我」とは安定的なものではなく、つねに危ういバランスのうえになりたっていることがわかります。

人間は理性的に行動しているように見えて、じつはその背景には無意識に抑圧された不安や欲望が渦巻いていると言えるのです。人間の行動は、無意識が規定していると言えるのです。このような考え方は、非常に大きな発見でした。

しかしだからといって、理性や意識といったものが軽んじられるわけではありません。理性によって無意識の不安や欲望が把握されることで安定した自我をもつことができるのだから、やはり人間にとって理性は大事なのです。

ちなみに、スイスの精神科医**ユング**（1875～1961）は、フロイトの無意識の考えを社会的共同体に適用し、人類に普遍的な無意識というものがあると主張しています。

神話や昔話、伝説、文化的なイメージやシンボルに世界中に共通した内容が多いのは、集合的無意識があるからだと分析しています。

【「気づかい」によって実存が立ち現れる】

ハイデガー

1889年～1976年。ドイツ・メスキルヒ出身。フライブルク大学総長を務めるが、ナチス政権に加担したことで、戦後フランス軍政当局より無期限の教職禁止令を受ける。主著に『存在と時間』『形而上学入門』がある。

人間の存在は、モノの存在とはちがう

人間は「死」によって限界づけられている存在です。

どんな理想があっても、社会がどうなろうと、最後には死んでしまいます。どうせ最後は死んでしまうのだから、理想を追い求めることも、社会を変えようとすることも、意味のないことのように思えますが、それにもかかわらず人間は生きています。

では、なぜ私は生きているのか？　なぜ私はいるのか？

一人の人間が生きていることの意味を問題にしたのが、キルケゴールの「実存」だったと言えます。20世紀の哲学者ハイデガーは、この「実存」を掘り下げることで、まったく

新しい思想の地平を切り拓いた人物です。

ハイデガーのキャリアは、フッサールの現象学（P152参照）を研究することからはじまっていますが、なかでも人間の「心」の働きに注目しました。

人間にとって「モノ」は「対象」として存在します。モノは人間が見たり、さわったり、使ったりする「対象」です。

ところが「心」はなにかというと、「対象をとらえる」ものとして存在します。「心」も「対象」としては存在しますが、「対象をとらえる」という、独自の性質があります。「モノ」と「心をもつ人間」では、その「存在する」ことの性質がちがうのです。「モノ」はただ存在するものです（存在範疇《はんちゅう》）。これに対し「人間」は、モノをある観点によってとらえ、モノを規定しながら生きるようなものとして存在するのです（実存範疇）。

このように、「人間」の存在が「モノ」の存在とは根本的にちがうことを明らかにしたうえで、人間の存在の意味（＝私はなぜ生きているのか？）に迫ります。

世界内存在

近代哲学では、「モノの世界というのはすでに秩序をもって存在していて、そのなかに人間が存在し、世界を認識している」という考えが基本にありました。

ところがハイデガーはこの関係を逆転させます。つまり、**「人間の存在がはじめにあって、人間が認識する結果として、モノの世界が現れる」**と考えたのです。

これは、まず世界の秩序が存在し、そのなかに人間が存在しているという見方（内世界的存在）から、世界は人間の意識のなかに徐々に姿を現し、やがて確固とした客観秩序がつくられるという見方（世界内存在）への、視点の大転換を意味します。

世界は人間にとって徐々に開かれてくる**「開示性」**と呼ばれる考え方ですが、ハイデガーはこの「開示性」という点から人間（＝現存在《げんそんざい》）のありようをとらえます。

人間ははじめから「我思う」という存在ではないし、はじめからなにかを認識する「自我」をもっているわけではありません。

ごくふつうの日常生活のなかの体験を通して考えるようになり、あるとき「自我」をはっきりと所有します。そこで「世界」のうちに投げ入れられ、モノや他人とともに生きる自分を見出すということです。

フッサールは「超越的な真理はない」（P158参照）という考えを示しましたが、やはりハイデガーも、社会はすでに構成された超越的なものとして存在するのではなく、いわば、人間の体験のプロセスとして現れてくるととらえました。

ゾルゲから世界が開示される

人間は普段どのように生きているでしょうか？

ハイデガーによれば、人間（現存在）が存在するいちばんの基本の事実は**「気づかい（ゾルゲ）」**だと言います。

人間は、いろいろなレベルで物事に関心をよせ、興味をもち、欲望し、可能性を見出しています。これが「気づかい」ということです。

たとえば、ここにリンゴがあったとすると、それははじめから「リンゴ」として存在しているのではありません。

お腹をすかせた人間が、それを食べたいと思う。こうした人間の「気づかい」によってはじめて、「リンゴがある」「リンゴは食べるもの」などという、世界の秩序の一部が開示されてくるということです。

このような消えては現れるさまざまな「気づかい」にまぎれて生きている状態を、ハイデガーは**「頽落《たいらく》」**と呼びました。

人間はこうした「気づかい」を意識しているわけではありませんが、大事なことは、**こ**

人間は気づかいによって自分を認識していく

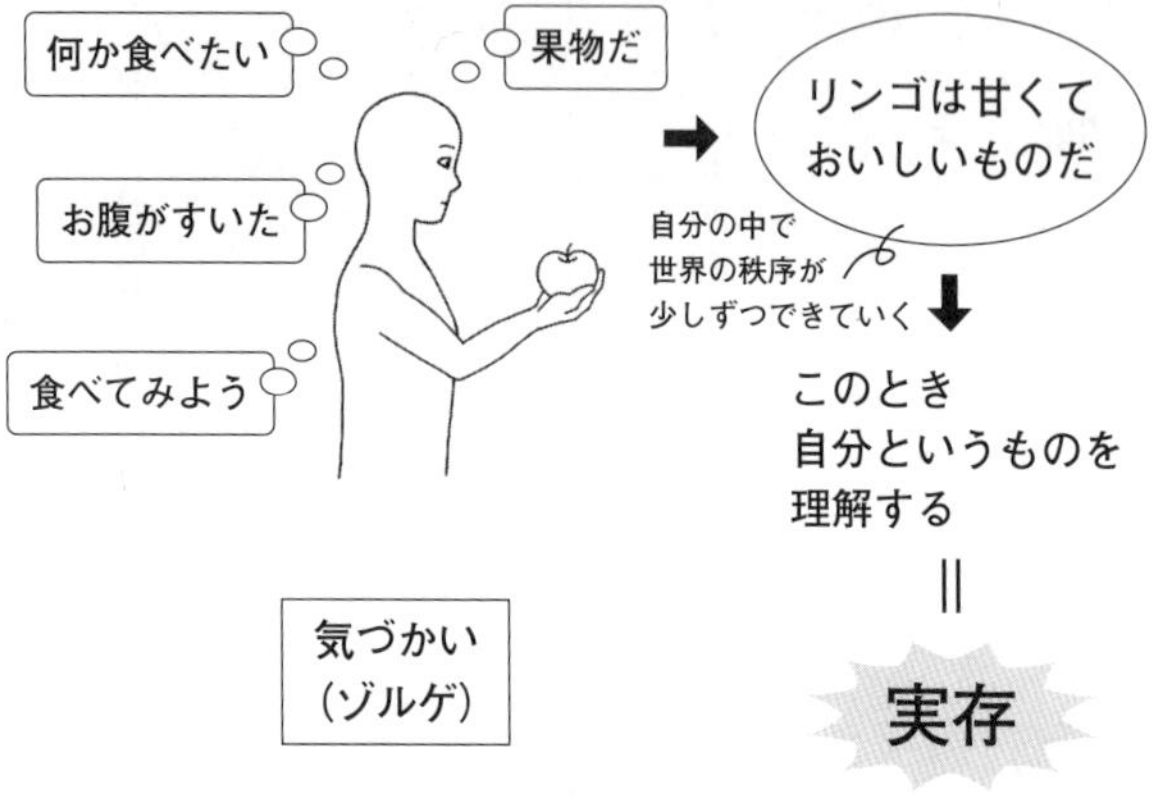

うした「気づかい」を通して、自分というものを理解（了解）しているということです。

　つまり、「気づかい」に応じて現れてくる世界のなかに、自分というものが現れてくる、ということです。自分というものが先に存在して、そこから世界を理解しているということではありません。

　人間は、「了解しつつ存在することができる」のです。これがハイデガーの考える「実存」というものです。

　またハイデガーは、人間存在の根底には「時間性」があるとも言います。

　過去においては「なんであったか」を了解し、未来は「なんでありうるか」を選択する。それによって、現在における存在が形づくられるということです。

死＝可能性

さらにハイデガーは、キルケゴールがテーマとした「死」を分析します。「死」とは、じつはだれも現実には経験できないものです。だから、ただ「観念」として存在していることになります。

人間にとって「死」はどのような観念かというと、「もはや現存在できない」という恐ろしいものです。

この「死の可能性」は、人間を不安の気分（＝情状性）でおおいます。だから、死と正面から向き合うことなく、できるだけ目立たないところにおこうとします。

ハイデガーによると、人間が形づくる社会、文化、宗教などのさまざまな制度には、死の不安を共同的に隠そうとする無意識のモチーフがあると分析します。

ところが、「死は現存在のもっとも固有な可能性」とも言えます。

どういうことか？

まず、**「死」とは他人とは交換できない、自分だけの絶対的で固有な可能性**です。自分がお金持ちになる可能性は他人にゆずることができますが、自分の死の可能性は他人にゆずることはできません。

だれもが固有の「死の可能性」をもっています。ということは、いつでもそれを選びうるものとして保有していることを意味します。

これを言い換えると、人間は死の可能性があるからこそ、それによって、世事にしばられた状態から解き放たれる可能性があるということです。つまり、「死への絶望」ではなく、「死への自由」ということです。

人間は、死に直面しないために、自分の存在可能性をいちじるしくせばめてしまっています。いわば、ふつうの人が生活する領域に閉じ込められるということです。

これを限界まで広めて生きる唯一の方法は、「死」を「自由」として選びうるような生き方、つまり「死」を自覚すること、ということになります。

では、死を自覚したら、具体的にはいったいどういう生き方が可能になるのか?

これに対し、ハイデガーは、「良心の呼び声」がやってくると表現します。

ここでの「良心」とは、「端的なよきもの」といった意味です。倫理的によいものというより、素晴らしいもの、美しいもの、豊かなもの、およそ人間の心を魅惑するもの、と考えられます。自分にとっての、このうえない可能性（欲望）に気づくということです。

以上を人生訓として読み取れば、頽落として、本来の自分とはちがう姿で生きる日常から、普段は考えないようにしていた死を自覚することで、自分本来の姿へむかい、自分の本当の関心や欲望が見えてくる、というものでしょう。

死から不安を感じるのではなく、死によってはじめて生を躍動させることができる――。

ハイデガーの哲学には、日常を突き破る契機が示されています。

【無意味な自分は意味のある自分に変えられる】

サルトル

1905年〜1980年。フランス・パリ出身。思想家にして文学者。フェミニスト作家であるボーヴォワールを伴侶とする。ノーベル文学賞は辞退。後半生はマルクス主義に傾倒し批判を浴びた。主著に『嘔吐』『存在と無』がある。

意識は「無化装置」

サルトルは、**ノーベル文学賞**に指名されるほどの文学者であると同時に（受賞は辞退）、戦後の「実存主義」のブームを生み出した哲学者です。

パリに住んでいた若き日のサルトルは、当時、現象学で名をとどろかせはじめたフッサールの講義を聴くために、わざわざベルリンまで足を運びました。

フッサールの現象学は「意識」が中心です。客観というものはなく、すべては意識のうえに生じた現象としてとらえます。

意識がすべて。意識にはさまざまなイメージや感情が蓄積され、それを好きなように組み上げることができます。フッサールの「意識」は「貯蔵庫」というイメージでした。フッサールの講義に満足したサルトルは、やはり「意識」を中心にすえました。

しかし、サルトルの「意識」のイメージは少しちがいます。

意識は「貯蔵庫」ではあるが、収めたはずのものは消えてしまう。意識は、あらゆるイメージや感情を貯蔵してくれるどころか、それらを「無」にしてしまう、恐ろしいものだと考えたのです。

サルトルにとっての「意識」は**「無化装置」**となります。

自分の存在も無意味

サルトルの「無」は、「無意味」と解釈すればわかりやすいでしょう。

１９３８年に刊行された小説**『嘔吐』**には、「意識」の「無化装置」がまざまざと描かれています。

主人公のロカンタンは、ブーヴィルという架空の地方都市にいて、図書館に通って歴史研究をしている孤独な青年です。彼は、見るもの（つまり意識に現れたもの）すべてが無意味に見えてきます。石ころも、マロニエの木も、美術館も、日曜日も、知人のたわいない打ち明け話も、なにもかも理由もなく存在すると思うと、無意味に思えて、嫌悪感をもよおします。

やがてその嫌悪感は自分にむかいます。自分はなぜここに存在するのかわかりません。彼には家族もいないし、ほとんど友達もいません。仕事もしないで、いつまとまるかわからない研究をしています。自分の存在ってなんなのか？　ロカンタンは、自分の存在さえ無意味に思うのです。

このように、恐ろしい意識の「無化装置」は、**モノも自分も「無（無意味）」にしてしまう**のです。

人間は対自存在

このように青年期のサルトルが至った思想には痛々しいものがありますが、その後のサルトルの思想は大きく変容していきます。第二次世界大戦にフランス軍兵士として従軍したサルトルは、ドイツ軍の捕虜となり、収容所でハイデガーの哲学を研究します。釈放後、ドイツ占領下のパリで代表的な哲学上の著作『**存在と無**』をまとめ、終戦前の１９４３年に発表します。

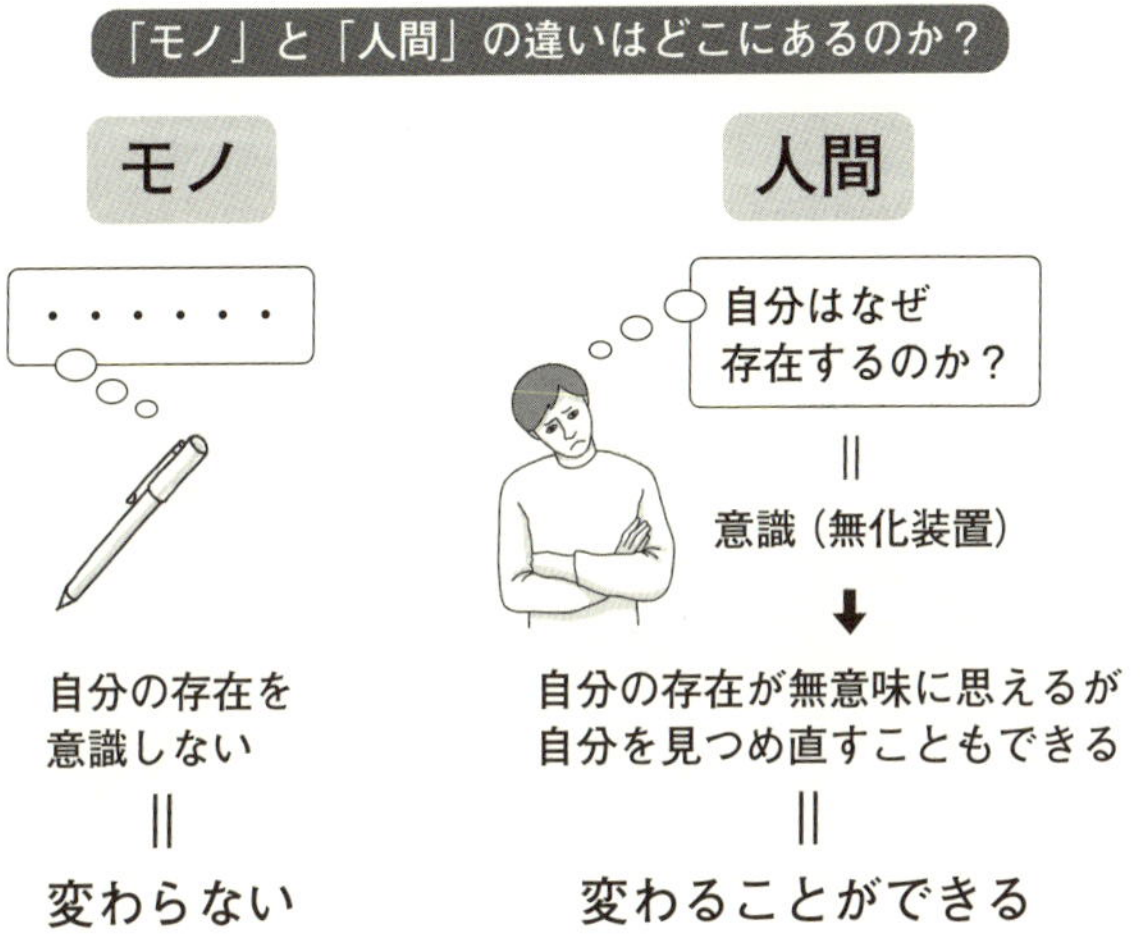
「モノ」と「人間」の違いはどこにあるのか？
モノ
・・・・・・
自分の存在を
意識しない
||
変わらない
人間
自分はなぜ
存在するのか？
||
意識（無化装置）
自分の存在が無意味に思えるが
自分を見つめ直すこともできる
||
変わることができる

『嘔吐』では、モノも人間も同じ扱いでどちらも「存在することが無意味である」とされていましたが、『存在と無』ではモノと人間を区別して考えています。

モノは、「自分はなぜここに存在するのか」などと問うことはありません。だから、自分の存在を意識せず、そのまま存在するということで、「即自存在」です。

これに対し人間は、「自分はなぜここに存在するのか」と自分に問います。自分の存在を意識し、自分と対する存在ということで、「対自存在」です。

モノは自分の存在を意識しないので、自分の存在が意味があるとも、無意味だとも思いません。だから楽です。

これに対し、人間はたいへんです。自

分の存在を意識して、自分を無意味だと思って、無化してしまうのです。

しかしよく考えると、人間はたえず自分の存在を否定する（無化）のですが、だからこそ、その現状の不満をバネに、未来にむけて自分を乗り越えようとする存在であるとも言えます。人間は、モノとちがって、自分を見つめ直すことができるからこそ、あるべき姿をめざして、自分を変えていけるということです。

ここでキーワードになるのが、**「自由」**です。

つまり、ネガティブな自分から、ポジティブな自分に変えていくとき、選択の自由があるということです。人間は、自分のあり方を選択する自由のある存在なのです。

自由と責任

サルトルの有名な言葉に、**「実存は本質に先立つ」**というものがあります。

モノは、本質が実存に先立ちます。まず、「書く」という本質があって、ペンというものがあとからつくられ、ペンがある（実存）ことになります。

一方、人間の場合は、なにか本質（意味）があるわけではなく、いきなりこの世界に投げ込まれます。

まずこの世界に存在（実存）して、それから生きる意味（本質）がついてくる、ということになります。だから、人間は「実存は本質に先立つ」のです。「実存→本質」の流れです。では、人間の本質はなにかというと、サルトルに言わせれば、その本質を選ぶのは「自由」だといいます。

人間のむかうべき本質に理想的な姿を決めるのもいいのですが、無神論を徹底させたサルトルは、**「人間の本質ははじめから決まっているわけではない」**と考えます。人間の本質、つまり自分というものは自由につくり上げていけばいいのです。

しかしそのとき、身勝手な自由というものは許されません。自由には責任がともないます。だから、政治家になるのも、医者になるのも、ニートになるのも自由ですが、そこには責任がともなうということです。

親や先生の言われる通りに生きる必要はなく、自分で自分の人生に色をぬっていけばいいのですが、それは自分の責任で選択したことだから、なにも言い訳はできないのです。良いことも、悪いことも、やったことには自分で責任をとる、ということです。

このように、自由と責任は簡単なことではないのですが、最悪のケースは、自由と責任から逃げることです。サルトルは、これは「不誠実」と非難しました。

サルトルの「アンガジュマン」

社会が気に入らないなら
自分たちで組み替えていけばいい

＝

アンガジュマン
（社会参加・政治参加）

世界中の若者に大きな影響を与えたが
マルクス主義に傾倒していった結果
後に批判を浴びることにもなった

気に入らないなら組み替えればいい

私たちは「自由／責任」をもつ存在としてすでに社会に関わっています。サルトルは、社会と関わるなかで、もしも**「社会の仕組みが気に入らなければ（無意味に感じるのなら）、組み替えていけばよい」**と、世界中に訴えました。

これがサルトルの有名な言葉**「アンガジュマン（engagement）＝社会参加・政治参加」**です。

厳密には、「社会を組み替えていけばよい」のではなく、「すでに組み替えている」と言っていいでしょう。

私たちは社会の「シチュアシオン（situation）＝状況」に巻き込まれていて、

投票なり、無投票（人の選択に託す選択）なりで、社会のあり方を選択する自由を行使しています。そこには責任をともなうことも忘れてはいけません。

アンガジュマンに正解があると考えたサルトルは、その理想をマルクス主義に求めていきますが、そのことで作家のアルベール・カミュとぶつかったり、構造主義者たちから大きな批判をあびることになりました（P233参照）。

ただ、だからといって彼の思想すべてが色あせてしまったわけではありません。人間のむかうべき本質を固定化せず、「自分の責任のもとに自分や社会を自由につくり上げていい」という考え方は、いまも大きな意味をもっています。

【人間は身体によって世界と一体となる】
メルロ＝ポンティ

1908年～1961年。フランスのロシュフォール・シュル・メール出身。第二次世界大戦に従軍、レジスタンス活動にも加わる。戦後リヨン大学教授、パリ大学教授などに就く。主著は『行動の構造』『知覚の現象学』。

「身体」は「私」なのか？

「私とはなにか？」と考えるとき、この「私」とは「精神（意識）」ととらえるのが自然です。「私」とは、考えたり、認識したり、意識をもつ主体です。

でも一つ問題があります。

日々こうして動かしている手や足は、「私」ではないというのでしょうか？　「身体」は「私」ではないのでしょうか？

「主観／客観」の二元論をとった近代哲学では、心身二分法がとられていました。

つまり、精神と身体を区分するもので、精神が主観、身体は客観でした。身体には精神は宿っていないので、リンゴやナイフやテーブルと同じ、一種の「モノ」と見なしたわけです。

ところが、あたり前ですが、「身体」は「精神（意識）」とつながっています。「暖かい」「寒い」「熱い」「冷たい」「まぶしい」など、客観の世界からの情報をキャッチして意識に送り届ける働きをしているのは、身体です。また、モノをつくる、書く、歩く、走るなど、意識した通りに動くのも身体です。

反対に、「お腹がすいた」「トイレに行きたい」「眠い」「痛い」「かゆい」「性行為をしたい」など、身体そのものから要求が出て、意識をコントロールすることもあります。いわば生理的欲求とは身体から発せられた要求です。

このように「精神（意識）」と「身体」は深くつながっています。

精神（意識）はいつも身体とともに行動するし、精神は身体が発する自然現象につねに向き合っていなければいけません。

一つ確かなことは、精神（意識）は身体がないと存在できないということです。

精神がなくても脳死状態のように身体は一応、ありつづけることができますが、身体がなくなれば、精神もなくなります。精神（意識）も、あくまで身体の一部と言えます。すると「身体」は「客観」とは言えない気がしてきます。

このように**「身体」を入口とした思想を展開した**のがメルロ＝ポンティでした。彼は、「人間は、身体に惑わされている」と表現し、「私」の実存に迫ったのです。

メルロ＝ポンティは、パリを拠点に活躍した20世紀の偉大な哲学者の一人と言っていいです。ところが、その著作は難解で深い読み込みを要求するものだったためか、思想の重要性のわりには、その名はあまり知られていないかもしれません。

しかし彼の身体論は、フーコー、デリダ、ドゥルーズらの現代思想に大きな影響を与えています。

身体があって、意識がある

デカルトが「我思う」と言った「精神（意識）」はどこにあるのか？

それは「身体」です。メルロ＝ポンティは、まずこのあたり前の事実をしっかりと確認します。

「意識」というのは、空気のうえに漂っているわけではありません。どこかに独立してあるのではありません。

メルロ＝ポンティが言うには、そもそも人間はこの世界のなかに「身体」として現れたと言います。

その**「身体」にあとから「意識」がついてくる**のです。順番として、「身体→意識」ということです。

「意識」には、必ず自分の「身体」があります。意識は、いつも身体を介してなにかを感じ、考え、行動します。

この前提を「生きられた身体」、あるいは「受肉化」と呼びます。意識も身体の一部です。

この前提を無視した議論は意味がありません。メルロ＝ポンティは、身体を無視した議論を、「上空飛行的思考」と言って批判しています。

身体の意味空間

じつは、身体には独自の**「意味空間（身体空間）」**があると言います。

これはどういうことかというと、**「身体には身体独自の意識のようなもの（無意識）がつくられている」**というイメージです。

たとえば、事故などにあって手足が切断されたにもかかわらず、なぜか切断されて存在しないはずの手足が「痛い」と訴える患者がいます（幻影肢）。

これは、慣れ親しんだ身体の感覚が働いているということです。

また、脳の障害によって意識的に腕や足を動かせなくなった患者が、蚊にさされたところには素早く手をやることができる、ということがあります。

これは、意識的に身体を動かすことはできないが、繰り返し行った運動は身体が覚えていて、その感覚は働くということです。

身近な例では、パソコンのブラインドタッチや車の運転、楽器の演奏など、はじめは意識して身体を動かして覚えた運動が、何度も反復して練習するうちに、意識しなくても勝手に身体が反応して動くようになります。

このように「身体空間」は形成されます。反復された運動によって、身体には、このようなときはこうするというような、「意味」が沈殿され、身体はその意味を了解しながら、同化したようになって動くということです。

たとえて言うなら、ドライバー（意識）が車（身体）を動かしているのではなく、車（身体）そのものが、自ら蓄積したデータをもとに、周りの状況を読み取りながら、自ら動くということです。身体にはこうしたこともできるということです。

つまり、身体は受動的であるだけでなく、能動的な面もあるということです。これこそが身体の本性と言えるでしょう。

身体にも意識のようなものがあるということですから、それまで発想だにされなかったまったく新たな地平を開いたと言えます。

身体はこの世界に住み込んでいる

身体はたんなる「モノ」ではありません。生理現象を見てもわかるように、「私」と「身体」は切っても切れない関係にあります。心身不可分です。

そのうえで、社会生活を営むうえでは、ふれる、関わる、交わるなどのことが、身体を介して行われます。

身体があるからこそ、「私」は世界との自然なつながりをもつことができるのです。

メルロ＝ポンティは、「身体」は空間内に「配置」されているわけでもないし、時間の流れに「ある」のでもない。

身体は空間や時間に「住み込んでいる」と表現しました。

同時代の実存主義者サルトル（P１７６参照）は、意識と世界は切り離されており、意識が世界に働きかけることで、世界が変わるという考えでした。

しかし、メルロ＝ポンティにしてみると、意識と世界は切り離されていません。意識と世界は、身体を介して溶け合っているというイメージです。

メルロ＝ポンティにとっての、意識（自己）と世界は、母子関係にたとえられます。生まれたばかりの子供は、身体を介して母親とふれあい、世界と一体となっています。自己と世界（母親も含む）はまだ切り離されておらず溶け合っていて、自己と世界との対立というものはありません。

身体を介した意識（自己）と世界のイメージは、このような人間の原初的な姿になります。

メルロ＝ポンティは、身体を介して世界と一体となる「私」のイメージを示すことで、人間が生きることのポジティブな側面を見せてくれています。

メルロ＝ポンティの身体論

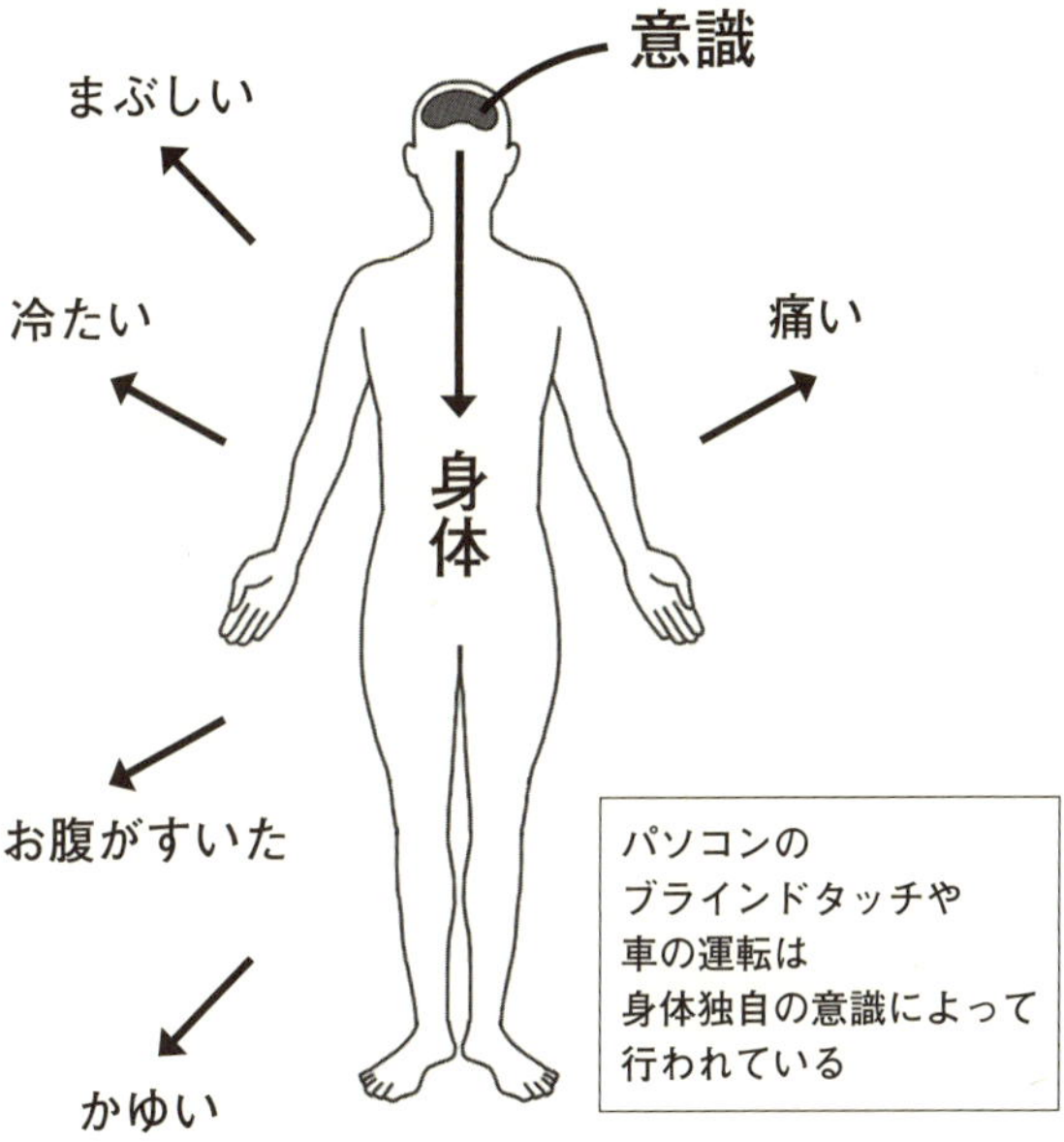

意識 ― 身体 ― 世界

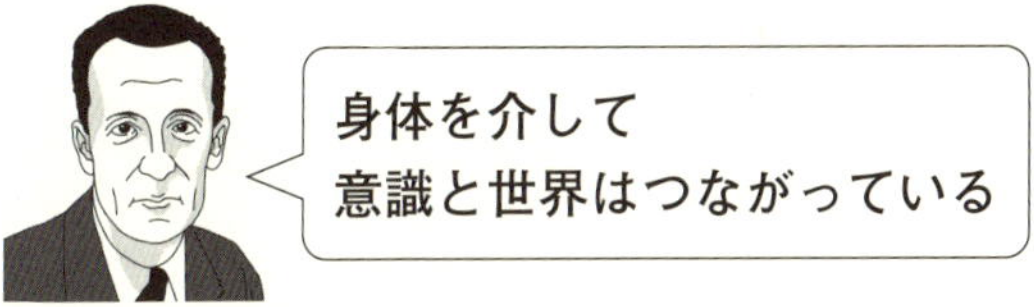

【人間は「過剰」を消費して快楽を得ている】

バタイユ

1897年～1962年。フランス中部ビヨン出身。名門グランゼコールの一つである国立古文書学校を卒業し、国立図書館司書に。著作活動を通じて「エロティシズム」の思想家として知られる。主著は『エロティシズム』。

放蕩生活に明け暮れる

「エロティシズム」の思想家と言えば、フランスのジョルジュ＝バタイユです。

「エロティシズム」の哲学と聞くと、はじめはいかがわしい気もしますが、バタイユの思想は、理性を重視する西洋文明の価値観をひっくり返すばかりか、人間が生きるうえで必要となる根源的な力の存在に気づかせてくれます。

もともとバタイユは敬虔《けいけん》なカトリック信者で、国立図書館の司書として真面目に働いていました。

ところがニーチェやフロイトを読み耽るうちに夜の娼婦街にくりだすようになり、27歳で信仰をすてます。

31歳で女優のシルヴィア＝マクレス（当時20歳）と結婚しますが、その後も放蕩生活は終わることはなく、売春宿での遊びはますます激しくなるばかりでした。行き着くところまでいって、ついには死姦の妄想にまでとりつかれたと言います。

当時の社会通念で言えば、自堕落な変態です。バタイユ自身も自分の体たらくに悩みもだえていました。

しかし、そんな無節操な性生活のなかで、バタイユは新たな思想を立ち上がらせようとしていたのです。

エロティシズムとは、神聖を冒すこと

では、エロティシズム（快楽）とはなにか？

バタイユによると、**人間というのは「不連続」な存在**であると言います。

人間は永遠に生きるのではなく、いつか死がやってきますから、連続して生きないという意味で、「不連続」な存在ということです。

この考えは、生が一度限りで交換不可能であるというハイデガーの指摘に重なるでしょ

う（Ｐ１７３参照）。

また、人間は基本的には「孤独」です。いつかは死ぬ身体にしばられて孤独に生きているのが人間です。他人と根本的なところで通じ合うことはできません。

この意味でも、人間は「不連続」な存在といえます。

このように人間は「不連続」な存在だからこそ、「連続性」を求めるといいます。

では、現実の世界で「連続性」を感じられるのはなにかというと、**「死」**ということです。

「死」はもちろん、「不連続性」を与えるものですが、でもだからこそ「連続性」に変わることがあると言います。

たとえば「死」というのは、身体の死ではあるけれど、より大きな生命の流れや、なにか聖なるものと一致すると考えることができます。「死」は出口ではなく、永遠なものへの入口ととらえることができるのです。

こうしたことから、人間には、生を保存しようとする衝動がある一方で、「死」とのかかわりを求める衝動があると言えます。そして、この**「死」を求めた結果、「快楽」が生まれる**ということです。

じつはフロイトも、「死の衝動（タナトス）」と「エロス」の共通性を述べていたので、そのあたりとも通じる考えです。

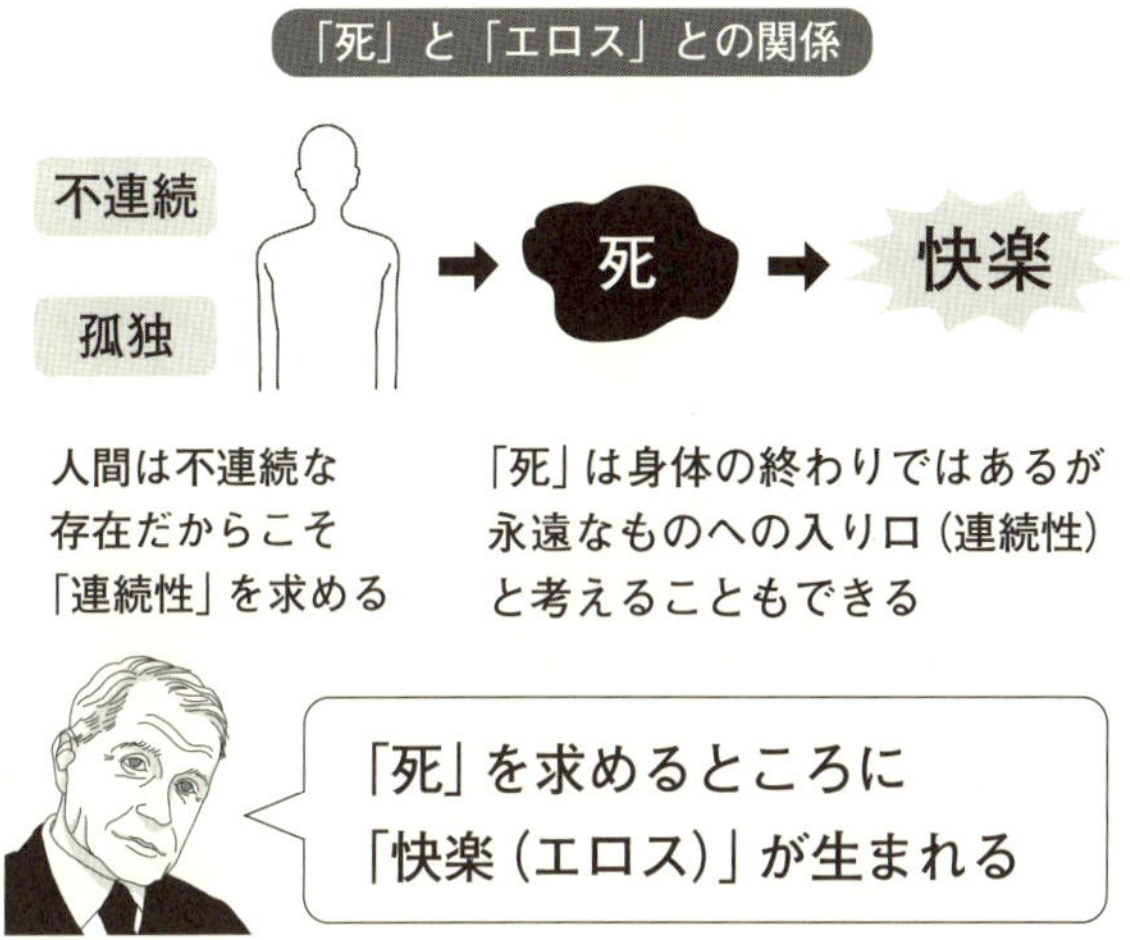
「死」と「エロス」との関係
不連続
孤独
死
快楽
人間は不連続な
存在だからこそ
「連続性」を求める
「死」は身体の終わりではあるが
永遠なものへの入り口（連続性）
と考えることもできる
「死」を求めるところに
「快楽（エロス）」が生まれる

たとえば、人間の性行為は、この「死」を擬似的に体験しているものと言います。

バタイユによれば、「神聖なもの＝女性」を冒すという、つまり、一線を踏み越える行為に、死が擬似的に体現されているということです。

「死」というものは、「神聖なもの」を冒すこと、破壊すること、です。

人間の性行為は、「神聖なものを冒す＝擬似的に死を体験する」ことで「快楽」を得るものと言えるのです。

人間は動物とちがい、生殖活動と切り離した形で性行為を行います。

これはなぜかといえば、人間だけが「死」の意識をもっていて、そこから「快楽」を得ることができるからと理解できます。

過剰を消費している

人間は、「死を体感する」ことで「快楽を得る」ことができます。

この考えを反対に言うと、人間は「死を体感する」ことが目的ではなく、そこから生じる「快楽を得る」ことが目的であるということです。

あくまでも「死」は媒介として存在していて、最終目的は「快楽」です。

すると、「死を体感する」という行為が一度達成されたら満足かというと、そうではなく、「快楽を得る」ためにまた「死を体感する」という行為が必要になります。

だから、絶えず「死を体感」し、「快楽を得る」ことを求めます。

人間はこうした繰り返しのなかで生きるしかありません。

ここから発展させて考えると、人間は**「快楽を得る」ために、絶えず「死を体感する」状況をつくりだしている**と考えられるのです。

それがバタイユのいう**「過剰」**というもので、人間はこの社会に「過剰」なものをつくりだしては、「破壊」や「消費（蕩尽）」を繰り返していると言います。

ここでの「破壊」や「消費」は、「死」を意味しています。

人間は「死」とのかかわりを求めて「破壊」や「消費」に入り込んでいきます。いわば人間の「呪われた部分」です。

考えてみてください。

人間はすばらしい文明を創造する一方で、それを戦争によって破壊することがあります。人間の歴史はこの繰り返しです。

なぜこんなことが起きるのか?

バタイユによれば、その**破壊行為（＝死）から生じる快楽を求めている**からです。大量殺戮などもこうした行為として説明できるのです。

北アメリカのインディアン社会などでは、ポトラッチという贈答慣例があります。盛大な宴会を開き、蓄積してきた財物を客に惜しみなくふるまって、自らの地位と財力を誇示し、客もそれ以上のもてなしで返すというものです。

これも「過剰」を「消費」することから生じる快楽を求めたものと解釈できます。もっと身近な例でいえば、「大人買い」なども同じ原理ではないでしょうか。

また、社会には破ってはいけない法律や規律などがありますが、人間はたんにルールを守るだけの存在ではなく、ルールを破ることで快楽を感じる存在と言えます。この快楽を感じるために、過剰なルールを設けているとさえ言えるのです。

栗本慎一郎のバタイユ論

バタイユ理論を印象的に表した一言

人間はパンツをはいたサルである！
栗本慎一郎
人間はパンツを脱ぐときの快楽を得るためにあえてパンツをはいている

性的快楽で言えば、人間は、生殖活動とはちがう、本来は必要のない「過剰」なセックスを「消費」することで「快楽」を得ているのです。

パンツをはいたサル

これらのことは、バタイユの理論を一つの下地として書かれた栗本慎一郎氏の『**パンツをはいたサル**』（１９８１）に簡潔にまとめられています。

人間というのは、パンツをはいたサルですが、なぜパンツをはいているかというと、パンツを脱ぐときに生まれる快楽を得るため、ということです。

パンツとは、人間にとって「過剰」なも

ので、お金、秩序や道徳、近親相姦を含む性に関するタブー、殺人や暴力の禁止などです。特定の瞬間（性交、祭り、遊び、戦争など）のときに、この「過剰」であるパンツを脱ぎ捨て（＝破壊、蕩尽、消費）ることで「快楽」が生まれます。

この「快楽」を味わうために、ふだんはパンツをはいてがまんしている――。これが人間ということになります。

【知識は実際に使うことでクリアになる】

パース

1839年〜1914年。米国マサチューセッツ州ケンブリッジ出身。ハーヴァード大学で学び、数学者から自然科学者に。哲学への関心を高め、プラグマティズムを創始するが、生前は日の目を浴びることはなかった。主著に『パース論文集』がある。

アメリカの実践型哲学

18世紀後半にイギリスから独立したアメリカ合衆国では、ヨーロッパの影響を受けながら、一味ちがった哲学が生まれていました。それが**「プラグマティズム」**です。

「プラグマティズム」とは、**「行為」**を意味するギリシア語の「pragma（複数はpragmata）」に由来します。

つまり、頭のなかでどんな考えを組み立てるにしろ、それが正しいのか、間違っているのかは、**「実際に行動してみることでわかってくる」**ということを表しています。

古代ギリシア哲学や近代哲学は、形而上学と呼ばれますが、どちらかというと、現実を超えたところに真理を見出すものでした。いわば頭のなかで考えることが中心でした。

しかし、ヨーロッパの哲学が問題とした「世界はどうなっているのか？」「世界は正しく認識できるのか？」などを考えることで、それが日常生活にどう役立つのだろう、という素朴な疑問があります。

これに対し、「考えたことは実際に行動して使ってみないと意味がないよ」と言ったのが、アメリカのプラグマティズムだったのです。

こうした実践型の哲学が生まれたのは、**アメリカならでは**でしょう。

17世紀にイギリスからピューリタン（清教徒）がやってきて以来、過酷な環境のなかで西部を開拓する一方、独立戦争、南北戦争、産業革命をステップに急速に発展してきたアメリカ。考えるよりも前にまず行動。そうしないと生きていけない。こうした人々の生き方がプラグマティズムに結びついています。

パース：思考→行動でクリアになる

プラグマティズムの創始者は、**パース**です。

パースはハーヴァード大学を出てから実験ばかりやってきた科学者で、そのため導き出した思想も実験科学そのものでした。

簡単に言うと、**「①思考」→「②行動」の原則**を示しています。

まず「①思考」です。パースは、「思考」というのは、「疑念という刺激によって生じ、信念が得られたときに停止する」と考えます。

つまり、人間は「なぜだろう」「どうしよう」と疑念がわくことから思考をはじめます。いろいろと思考して、「ならばこうしよう」と信念が得られれば、思考はそこで終わります。思考によって得られた信念とは、「こうしよう」という行動のルールです。ですから、次に「②行動」に移ります。

行動してみると、また新たな「疑念」が生じてくるでしょう。だからまた「思考」します。そして、またちがった「信念」が得られます。新たな信念にそってまた「行動」します。

このように、「思考」→「行動」（厳密に記せば、「疑念」→「思考」→「信念」→「行動」）を繰り返すことで、知識や考え方がクリアになっていくということです。

このサイクルは、科学はもちろん、日常生活でも応用できるでしょう。

たとえば、ある女性が、高学歴・高収入の理想の男性Aと婚約したとします。しかし本当にその男性が好きなのか、「疑念」がわきます。そこで「思考」します。「私は結婚になにを求めているのか？」と。やがて「私は本当に好きな人と結婚する」という「信念」に

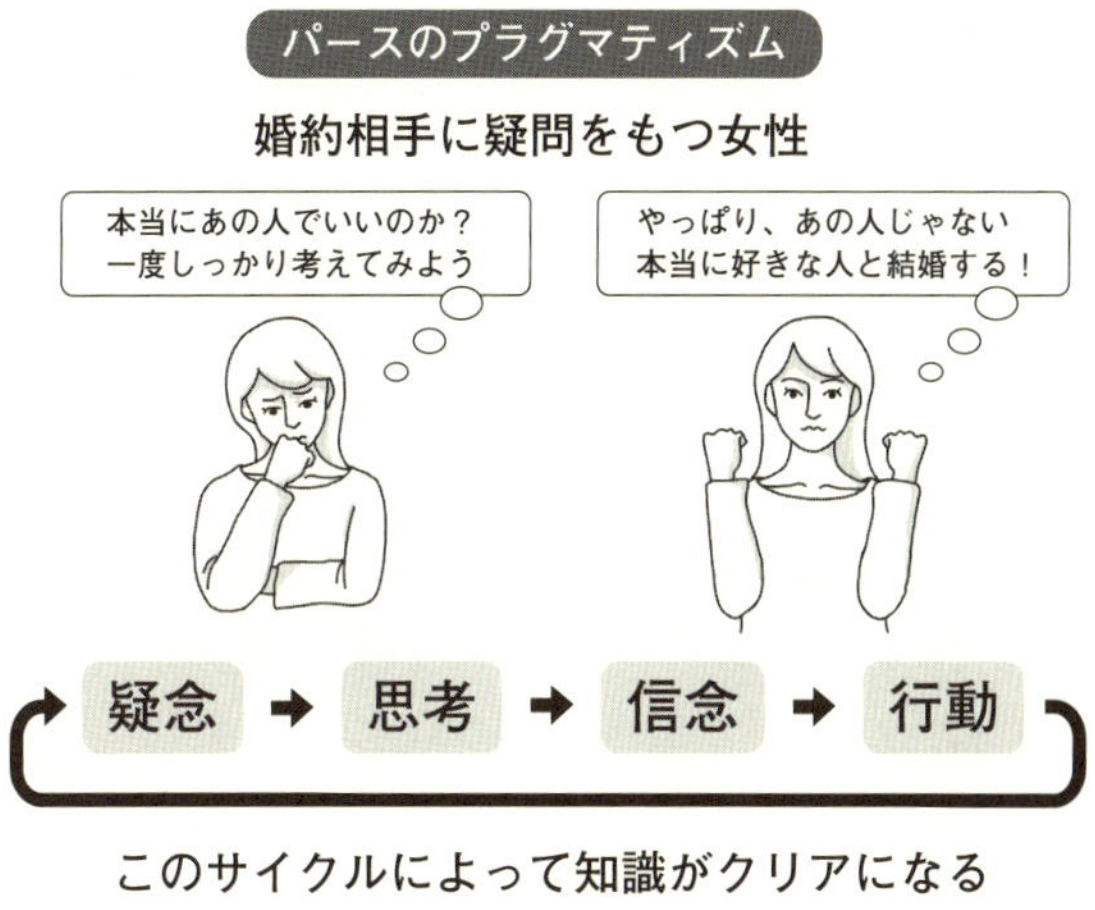
パースのプラグマティズム
婚約相手に疑問をもつ女性
本当にあの人でいいのか？
一度しっかり考えてみよう
やっぱり、あの人じゃない
本当に好きな人と結婚する！
疑念
思考
信念
行動
このサイクルによって知識がクリアになる

至ります。

　この「信念」にしたがって、婚約破棄という「行動」に移します。すると今度は、「私はどんな人が好きなんだろう?」と新たな「疑念」が生じてきます。同様のサイクルを繰り返しながら、自分の結婚観をクリアにしていくことになります。

　以上、パースの方法からわかることは、**「知識とはつねに書き換えられる」**ということです。それまでの学問では、「知識」は普遍的・絶対的なもので、すでに動かぬ事実としてどこかにあり、それを人間が発見して獲得するものだと信じられていました。

　しかしパースによれば、「知識」とは人間と切り離されて普遍的にどこかにあるのではなく、「思考」→「行動」のプロセスを通して人間のなかに生成するものです。しかも、つねに書き換えられ、クリアになっていくものなのです。

コペルニクスが唱えた地動説の正しさは、ガリレオやケプラーも納得するところでしたが、「なぜ鳥が取り残されないのか」という疑念がありました。しかし、ニュートンの万有引力の法則によって、その疑念が解消され、地動説に関する知識がよりクリアになりました。このように、科学的知識でさえも、つねに書き換えられていくのです。

ジェームズ：真理も人それぞれ

生前のパースはほとんど著作が世に出ておらず無名の存在でしたが、友達の**ジェームズ**（1842〜1910）がその思想を受け継いで広めていきました。

パースの理論では、ある「疑念」に対して「思考」して、「信念」を得て、「行動」によってそれがどのような意味をもつのか確かめるというものでした。

ジェームズは、このプロセスを「真理」を確かめるためのものとして使いました。つまり、このプロセスによって確かめられる「信念」を「真理」に置き換えたのです。

つまりジェームズは、真理とは、普遍的・超越的なものではなく、確かめられるものだとしました。その人が意味があると認めれば、それはその人の真理ということです。**「真理も人それぞれ」**ということです。

こうしたジェームズの拡大解釈の傾向は、宗教にもおよびました。

パースの「信念（観念）」は、あくまでも確かめられて、吟味するものでしたが、これに対してジェームズは、「信念（観念）を信じることで価値をもつのならば、その限りにおいて、その信念（観念）は真実と言える」としたのです。「信念（観念）は、確かめなくても真実になり得る」ということです。

ジェームズはなにを言いたかったのか？

たとえば「神は存在する」という信念（観念）があったとすると、この信念を信じることで宗教的なやすらぎが得られたり、生きる勇気が得られるのであれば、「神は存在する」ことが実証されなくても、それはその人にとって真実であるということです。

では、絶対的に神は存在するのかというと、そうではありません。あくまで個人のなかの真実ということです。

ジェームズは、このような真実の定義をおくことで、個人の信仰の自由を守ろうとしたと考えられます。

デューイ：知識は人間の道具である

プラグマティズムを大きく発展させたのは、**デューイ**（1859〜1952）です。デューイの一つの中心的な考えは**「道具主義」**です。

これは、人間が生きていくための道具として「知識」を重視するというものです。

このときの「道具」の意味には、人間が進化の過程で環境に適応させながら発展させてきた「道具」というイメージがあります。知識は、日常生活で使うべきものだし、変わりつづけるものなのです。

デューイは、パースの理論をもとに、科学や日常生活に応用できる、知識の探求プロセスを次のように整理しました。

まずはじめに問題を明らかにします。次に、問題に対する解決策を考えます。この解決策を実験によって検証します。もし、解決策が実験によって否定されたら、別の解決策を考えます。実験によって正しいことが確認されたら、問題は解決されたことになり、さらにその先にすすみ、新たな問題解決に向かうということです。

「思考」→「行動」のプロセスが土台となっていますが、これは西洋哲学史的には二元論の否定を意味しました。

つまり、西洋哲学では、「理論（思考）」と「実践（行動）」（「主観」と「客観」と言ってもいい）の二元論が支配していましたが、これを**「思考」→「行動」→「思考」……というサイクルによって統一した**のです。

理論を補完するものとして「実践（行動）」を重視したデューイは、これを教育にも適用しました。

それまでの伝統的な理論教育に実践活動を採り入れて、子供たちの想像力を発揮するように促したのです。デューイは近代教育の革新者でもあったのです。

ウィトゲンシュタイン

【「写像理論」と「言語ゲーム論」】

1889年～1951年。オーストリア・ウィーン出身。論理学のラッセルに師事するためイギリス・ケンブリッジに赴き、論理学に革命を起こす。主著に『論理哲学論考』『哲学探究』がある。

天才か変人か

ウィトゲンシュタインと言うと、天才とも変人とも言われる思想家で、その思想以上に破天荒な生き様が伝説のように広まっています。

まず、家系が特殊。父は当時の世界三大鉄鋼王の一人という大富豪で、4人の兄のうち3人は自殺しています。

ウィトゲンシュタイン本人はオーストリアで工学部を卒業し、建築家になるつもりでしたが、論理学の巨匠ラッセル（1872～1970）の著書に衝撃を受け、ラッセルのいるケンブリッジに赴きます。そこで32歳の若さで『**論理哲学論考**』という革命的名著をまとめます。それは、番号をふったテキストが箇条書きで整然と並ぶ、まるで格言集のようなものでした。

この書をもって、哲学における主な問題はすべて解決されたと確信した彼は、あっさり大学のキャリアを捨てて、オーストリアの小村の尼寺の庭師になります。

でも3年であきて、ケンブリッジに戻ります。が、神経質で人嫌いの彼に講師が務まるはずがありません。教室のなかで長時間頭を抱えたまま動かなかったり、機嫌が悪いと学生をののしることもありました。

突然、ノルウェーへ消えてしまうなど、大学の出入りを繰り返し、1947年に嫌っていた大学の教師職をやめます。職を転々として、小学校の教師までやりましたが、父兄からの激しい非難にさらされるだけでした。

こんなウィトゲンシュタインですが、哲学に限れば天才でした。それは、名著『論理哲学論考』を自ら否定し、『哲学探究』（死後の1953年に出版）でまったく新しい方向の哲学を語り出したことだけ見ても言えることです。

ということで、ウィトゲンシュタインの思想を次の2つに整理して見ていきます。

①前期の『論理哲学論考』が示した「写像理論」（→論理実証主義）

②後期の『哲学探究』が示した「言語ゲーム論」（→分析哲学）

前期：写像理論

まず、**「写像理論」**ですが、これは**「言語が世界を写しとる像である（＝写像である）」**という考えです。

たとえば、きれいな花が咲いているとします。これをだれかに伝えるとすると、絵に描いたり、写真に撮ったりできますが、同じように「言語」でも伝えることができます。「きれいな花が咲いている」と言語で表せばいいわけです。

このように目の前の世界を言語によって表したものが「写像」です。

ウィトゲンシュタインによると、世界はいくつもの「事実（事態）」から構成されていると言います。その一つひとつの「事実（事態）」に対応して、言語による「写像」があるのです。

この言語による「写像」を「命題（＝文）」と呼びました。

きれいな花が咲いているという、世界のなかの一つの「事実」があって、これに対応する写像として、「きれいな花が咲いている」という「命題」があるということです。

すると、こうした「命題」をすべて集めたとすれば、世界のすべてが表せるということ

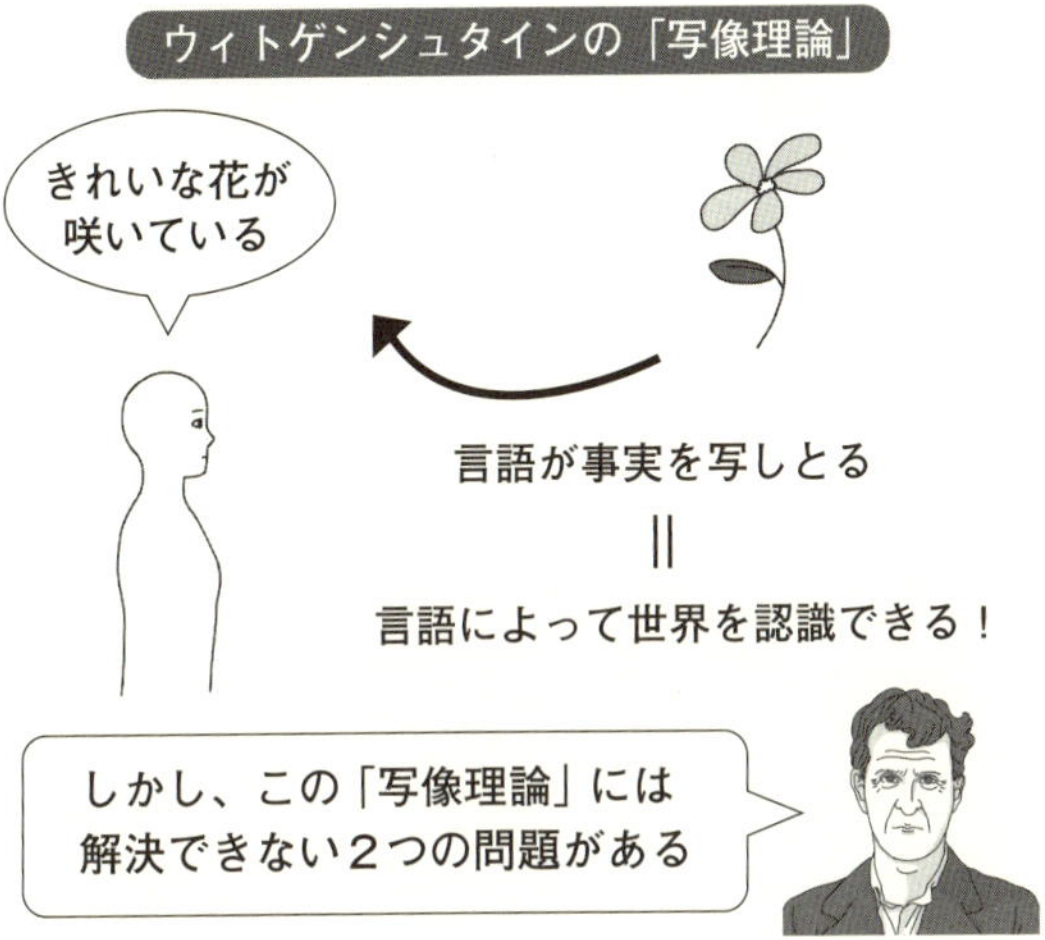
ウィトゲンシュタインの「写像理論」
きれいな花が咲いている
言語が事実を写しとる
||
言語によって世界を認識できる！
しかし、この「写像理論」には解決できない２つの問題がある

になります。以上が「写像理論」です。

この写像理論をもとに生まれた「論理実証主義」は、英米哲学の一つの流行となりました。これは、世界を写しとる言語による命題が論理的に正しいかを見ていくものです。

実証できない命題は意味がないとします。正しいか正しくないか実証されることがない抽象的な形而上学に対抗するものでした。

ところで、ウィトゲンシュタインの思想で大事な点は、**言語があってはじめて、人間社会や世界のことを理解できるようになる**と考えていることです。

デカルトからカント、ヘーゲルに至る近代哲学の大きな問いであった「人間は世界を正しく認識できるのか」という認識の問題では、意識の外にある客観的世界は、意識が写しとっているから、意識を調べればいいとしていました。

これに対しウィトゲンシュタインは、客観的世界というのは最終的には言語というものに置き換えられると考えました。

意識がとらえた像は、最終的には「きれいな花が咲いている」と言語で表されます。だから意識ではなく、言語のほうからアプローチすれば世界のことがわかる、としています。意識によって世界を認識しようとする近代哲学に対する、一つの乗り越えになっているのです。

後期：言語ゲーム論

しかしよく考えてみると、写像理論にも2つの問題がありました。

①言語には、「きれいな花が咲いている」と、世界を写しとる機能がありますが、そうではないものもあります。たとえば、「おはよう」「痛い！」「疲れた」「すみません」などの言語です。これらは、世界を写しとっているわけではありません。

②言語の意味は、発話する人の気持ちや状況によって変わってきます。たとえば、はじ

めてのデートで公園を訪れて「きれいな花が咲いている」と言うのは、素直な喜びの感情を表しています。でも、リストラにあって思い詰めた人が、空き地に逞しく咲いた一本の花に心打たれ、「きれいな花が咲いている」と言うときは、再生や小さな希望を表しているかもしれません。

このように、2つの問題がありますが、この問題を指摘したのは、ほかでもない、ウィトゲンシュタイン本人でした。

そして彼は、この問題を克服するために、**「言語ゲーム」**という理論を打ち出しました。

ゲームにはルールがあります。

たとえば、トランプのポーカーをやるときは、参加者はポーカーのルールにしたがってゲームをすすめます。これと同じで、私たちが言語を使うときも、言語のルールにしたがっています。ただ、このルールは、言語を実際に使うなかで自然に身につけるものなので、普段は意識することはありません。

「言語のルールにしたがって、言葉でゲームをしている」というのが、言語ゲーム論です。それぞれの場面にあった言語のルールにしたがって、適切な言葉を使用することで、はじめて言葉の意味は適切に理解されるということです。

先の2つの問題と照らし合わせてみましょう。

自らの写像理論を否定した「言語ゲーム論」

すみません　おはよう　こんにちは

そそそも意味を含まない言葉の運用法は？

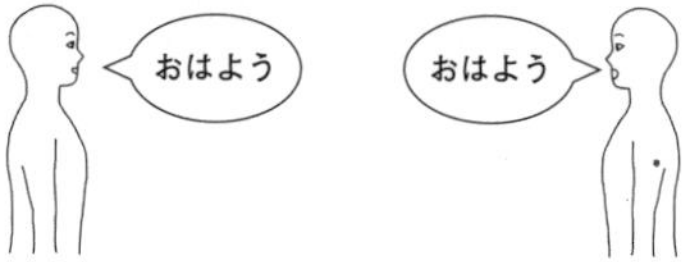

「朝の挨拶である」というルールにより
その言葉の意味が現れてくる

＝

言語ゲーム論

①たとえば、満員電車のドア付近で「すみません」と言えば、お願いの意味です。「下車するからドアの前を開けてほしいんだな」とわかります。これは満員電車に乗る人が、同じ言語ルールを理解しているから通用すると言えます。どんな言葉も、その場の言語ルールのなかではじめて意味が表れると言えるのです。

②また、会社に遅刻して上司に「すみません」と言えば、謝罪の意味に変わります。同じ言葉でも、ちがう言語ルールの場面になれば意味が変わるということです。

この言語ゲーム論では、それぞれの場面でそのときのルールにしたがうことで、同じ言葉でも、異なる意味をもつことを説明していますから、ある一つの真理というものをめざしているわけではありません。

これは一種の相対主義ですが、言葉はなんとでも解釈できる、というものでもありません。その場のルールのなかで解釈は決まってくるということです。

写像理論への批判から生まれた言語ゲーム論ですが、じつは同じような考えがウィトゲンシュタインとは別のところで生まれていました。

それは「分析哲学」と呼ばれる考えで、アメリカのプラグマティズムを引き継いだリチャード・ローティ（1931〜2007）らによって発展させられていました。ローティとウィトゲンシュタインは、絶対的な真理はないとする点で一致しています。

第4章

現代思想を導く哲学者

本章を読むにあたって

19世紀後半から20世紀にかけて、近代国家は資本主義を加速させ、それによって貧富の差が拡大します。いまで言う格差問題が根を下ろします。

貧しい人々のあいだでは、労働にかりたてられて、本来の人間らしさが奪い取られている、という不満が広まります。こうした不満の受け皿となり、**急速に世界に広まったのがマルクス主義**でした。

マルクス主義は旧ソ連や東欧圏、中国などの社会主義国に影響を与えますが、「平等」を重視するあまり、個人の「自由」がないがしろにされるという負の側面が強く、徐々に衰退していきます。

それに代わるものとして、1960年代のフランスで台頭したのが**構造主義**でした。構造主義とは、**「この社会には私たちが気づかないうちにつくりだした構造があり、知らず知らずのうちにその構造に規定されている」**という考え方です。

構造主義の源泉には、半世紀前に没しているソシュールの言語学がありました。そして60年代のフランスでは、レヴィ＝ストロース（文化人類学）、ロラン＝バルト（記号論）、ラカン（精神分析）、アルチュセール（哲学）などの構造主義者たちが、それぞれの専門分野からまったく新しい社会像を描いていきます。

しかし構造主義が想定した普遍的な構造というのは、人間がどうやっても変えられないというもので、ある意味、真理のような位置づけとなっています。

これに批判的に現れたのが、**ポスト構造主義者**と言われるフーコー（歴史）、デリダ（哲学）、ドゥルーズ（哲学）です。彼らは真理の存在を認めていないという点で、構造主義者たちとはちがいます。

彼らは、権力、脱構築、リゾームなどのキーワードから、私たちが生きる現代の様相をより精緻に描き、新たな人間のあり方を模索しました。

また彼らの思想には、理想を追い求める近代以降の人間のエゴが行き着く先が第二次世界大戦に見られる大量殺戮だったとして、西洋思想への反省も読み取れます。

【言葉が世界を秩序づけている】

ソシュール

1857年～1913年。スイス・ジュネーヴ出身。パリ言語学会に入会。ジュネーヴ大学で一般言語学講義を行う。自ら著作は残していないが、講義録をもとに弟子たちによって編纂された『一般言語学講義』は後の構造主義に多大な影響を与えた。

社会には見えない「構造」がある

１９６０年代のフランスで台頭したのが**構造主義**です。

構造主義とはなにかというと、「この社会には普段は気づかない構造があって、私たちは知らず知らずのうちにこの構造に影響を受けている」という考え方です。

そして、「社会をつくる構造は普段は見えないものなので、これを意識的に変えることは難しい」となります。変えられないのならば、構造を見つけても意味がないではないか、と思いますが、実際、構造主義が批判を浴びたところはこの点で、のちにポスト構造主義へとつながっていきます（Ｐ２６０参照）。

では、構造主義はどのようにして起こってきたのか？　そこから見てみましょう。

「意味するもの」と「意味されるもの」

スイスの有名な言語学者に、ソシュールがいます。

ソシュールは1913年に没していますが、構造主義の基本的な考え方は、彼の講義録『一般言語学講義』にあることから、一般にソシュールが**「構造主義の祖」**と言われています。

ソシュールの言語思想は、①シニフィアン―シニフィエ、②ラング―パロール、③共時態―通時態、という3つの枠組みでとらえることができます。

聞き慣れない言葉ばかりですが、フランス語で、シニフィアン（signifiant：記号表記）―シニフィエ（signifié：記号内容）、ラング（langue：言語規則）―パロール（parole：発話）です。以下、順番に見てみましょう。

①シニフィアン―シニフィエ

言葉には、**「シニフィアン（＝意味するもの）」**と**「シニフィエ（＝意味されるもの）」**があって、この2つが表裏一体となって機能しています。

たとえば「蝶」のことを考えてみましょう。

まず「チョウ」という音声があります。これが「シニフィアン」です。

この「チョウ」という音声に対し、ひらひらと飛ぶ昆虫の「蝶」がイメージされます。

このイメージが「シニフィエ」です。

このように言葉の機能を2つに分割してみると、わかることがあります。

まず、シニフィアンとシニフィエの関係が恣意的であるということです。シニフィアンとシニフィエの結びつきは、あらかじめ決まったものではなく、たまたまそうなっているということです。

「チョウ」の音声に対し、「蝶」のイメージが結びついたのは、日本語の習慣のなかでたまたまそうなっただけで、フランス語ならば、「パピヨン」の音声に対し、「蝶」がイメージされます。音声とイメージの結びつきは、時代や場所が変われば、まるっきり変わってしまいます。シニフィアンとシニフィエの関係は恣意的なのです。

もっと大事なこともわかります。

「チョウ」の音声がカバーする範囲は、時代や場所によって異なります。

日本語の「チョウ」は、昆虫の「蝶」のことをさします。しかし、フランス語の「パピヨン」

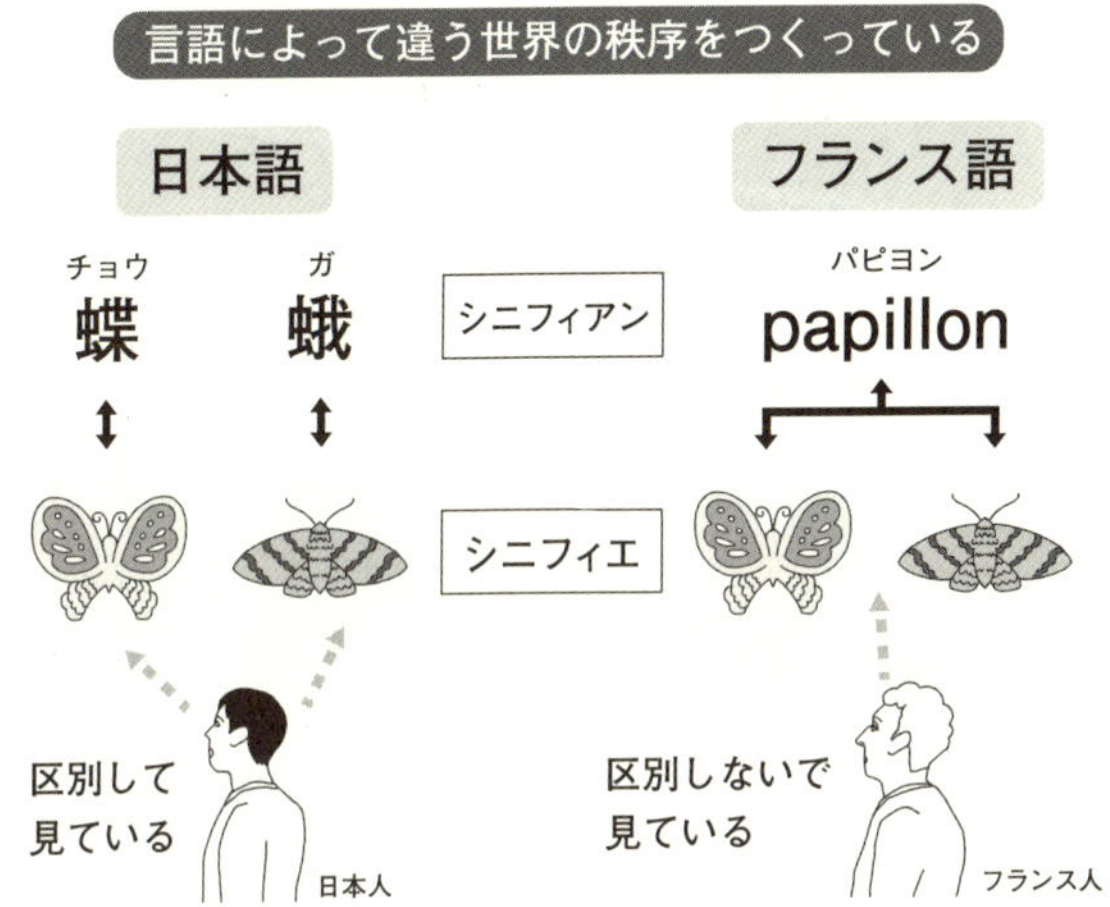
言語によって違う世界の秩序をつくっている
日本語
フランス語
蝶《チョウ》
蛾《ガ》
シニフィアン
papillon《パピヨン》
シニフィエ
区別して見ている
日本人
区別しないで見ている
フランス人

は、昆虫の「蝶」だけでなく「蛾」のこともさします。

これはつまり、日本語を使う人々のあいだでは、「蝶」と「蛾」は区別して見ていますが、**フランス語を使う人々のあいだでは、「蝶」と「蛾」を同じものとして見ている**ということです。

ここに重要な視点がひそんでいます。

その言語の使い方を見ることで、言語の使用者がこの世界をどう見ているかがわかるということです。

②ラングーパロール

「ラング」とは言語の規則のことです。「パロール」は、その言語の規則にしたがって具体的に話したりすることです。

英語という「ラング」を学んで、実際に外国人と会話する行為が「パロール」です。

これはいまではあたり前の感覚で、理解しやすいですが、ソシュール以前には、言語といえば「ラング」のことで、実際に使う行為である「パロール」をわけて考えることはありませんでした。

さて、ここで大事なことは、**「ラング」と「パロール」の関係が固定的ではない**ということです。

通常、「ラング」のルールのなかで「パロール」が使われますが、「パロール」にはルールを破るようなはみだし行為があります。ルールがあれば、必ずルールを破る者がいるということです。

若者言葉を見ていればすぐわかります。「やばい」は、本来良くない状況をさす言葉ですが、衝撃を受けるほど素晴らしいという意味にも拡大して使われています。

最近は、なにかと「超」をつけたり、大阪由来の「めっちゃ」を日常的に使うようにもなりました。

日本語という「ラング」は、「パロール」によって日々新しい使い方がもたらされているのです。

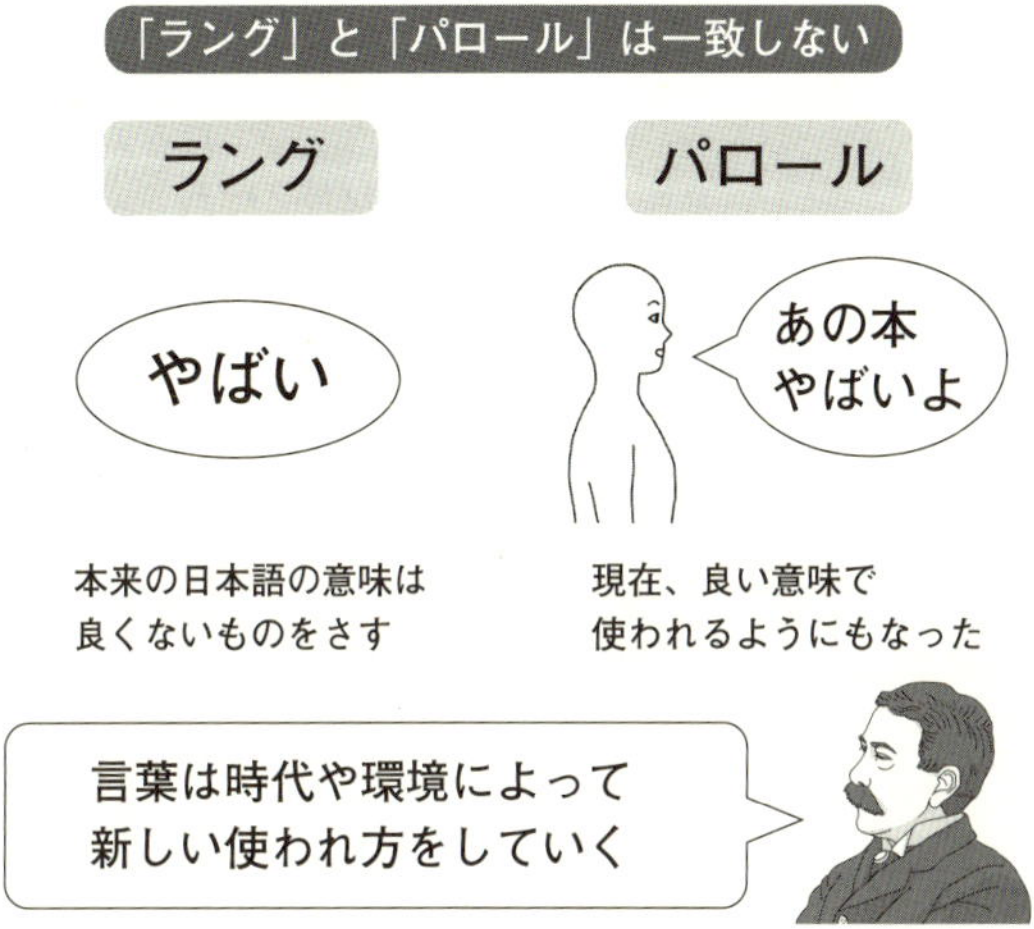
「ラング」と「パロール」は一致しない
ラング
パロール
やばい
あの本
やばいよ
本来の日本語の意味は
良くないものをさす
現在、良い意味で
使われるようにもなった
言葉は時代や環境によって
新しい使われ方をしていく

つまり、個々の「パロール」は、「ラング」のルールをのりこえ、「ラング」をつくり替えていく力をもっているのです。

そしてそのつくり替えられた「ラング」のなかで、また「パロール」が行われます。この繰り返しです。

「ラング」は時代とともに、あるいは地域のちがいによって、それぞれに変化していくものといえます。

③共時態―通時態

①②のことからわかるように、言語の体系は、時間によっても空間によっても変わります。

東京と大阪では、日本語の使い方や使

われる単語のバリエーションもちがいます。同じ東京でも、現代と江戸時代では、まるで言語がちがうでしょう。

そこでソシュールは、言語の体系性を調べるときは、通時的な（歴史的）変化と、共時的な（その時間、その空間の）体系性を区別しなければいけない、という考え方を示しました。

なかでもソシュールが重視したのは共時態です。ものごとを歴史的な変化で取り扱うのではなく、その時間、その空間を切り取ることで、ある体系性が明らかになるということです。

モノが先か？　言葉が先か？

ソシュール言語学がもつ意味をもう少し考えてみましょう。

私たちは、はじめにモノがあって、それら一つひとつにラベルをはるように、名前をつけていると考えがちです。

でも、そうではないのです。むしろ、**モノに名前をつけるという行為によって、モノの秩序を編み上げている**と言えるのです。

図式化すると、「モノの秩序→言葉の写し取り」ではなく、「言葉づけ→モノの秩序」です。

フランス語では「蛾」という言葉がないので、蝶と蛾のちがい（＝秩序）がありませんが、「蛾」という言葉づけをした日本語では、蝶と蛾のちがい（＝秩序）ができているのです。

このことを言い換えると、世界はあらかじめ決まったものとしてあるのではなく、言語によってどう秩序づけるかによって、異なった世界が現れるということです。

それは、「世界は人間が恣意的に秩序づけた体系しかない」という、新たな世界観を示していて、つまりは、この世界になんらかの普遍的な意味を見出そうとしていたそれまでの哲学に対する批判となっているのです。

【社会には目に見えない「普遍の構造」がある】

レヴィ＝ストロース

1908年〜2009年。ユダヤ系フランス人（生まれはブリュッセル）。パリ大学で哲学を学んだあと、民俗学研究に向かう。戦後サルトルを批判し、構造主義の指導的人物に。主著に『野生の思考』がある。

サルトルの盟友だった

ソシュールの専門が「言語学」なら、レヴィ＝ストロースの専門は**「民俗学（文化人類学）」**です。

「果たしてこれは哲学なんだろうか」と違和感を抱く人もいるかもしれませんが、彼らのやったことは、言語や社会・文化の分析から得られた具体的な法則によって、どちらかというと抽象的な議論に終始する哲学の土台に揺さぶりをかけた、と言えるでしょう。

レヴィ＝ストロースは、**「真の構造主義が可能なのは、言語学と民俗学の分野だけ」**と言っています。

レヴィ＝ストロースは、もともとは哲学を学んでいて、サルトルとは同じ大学の盟友でしたが、民俗学へと転向します。

サルトルは、フッサールの現象学をもとに実存主義を突き詰め、フランスの知を代表する存在となりますが（Ｐ１７６参照）、そこへ構造主義を打ち立てたレヴィ＝ストロースが現れ、サルトル批判を開始します。

構造主義は、実存主義を葬り去り、１９６０年代思想界のメインストリームとなります。

では、レヴィ＝ストロースの構造主義とは一体なんだったのか？

それが、サルトルの実存主義へのどんな批判になっていたのかを見ていきましょう。

普遍の構造を取り出す

レヴィ＝ストロースは、民俗学において、人間社会にひそむ**「普遍の構造」**を取り出すことをめざしました。「普遍の構造」、これが構造主義のいう「構造」です。

どういうことかというと、ソシュール言語学では、それぞれの言語の体系は固定されたものではなく、時代と場所によって変わるものだとしていましたが、レヴィ＝ストロースはさらに一歩すすんで、それぞれの体系は変わるものだけれども、変わるなかにおいても、なお変わらないものがあると考えます。

つまり、決して変わらない「普遍の構造」があるということです。

もし、どんな社会でも変わらない「普遍の構造」があれば、そこから社会と人間を見直すことで、なにか新しいものが見えてくるかもしれません。

レヴィ＝ストロースは、無文字社会における親族組織を研究したり、南北アメリカ・インディアンの神話研究などを行いました。

そのとき、ただ資料を読んで研究するのではなく、実際に自ら「未開社会」に分け入り、眼で見て、肌で感じ、思考しています。

戦前には、サンパウロ大学教授時代を含めて約3年にわたり、ブラジル内陸部やアマゾン川支流に住むいくつもの部族と接触してフィールドワークを行っています。

結論として彼が取り出した「普遍の構造」とは、**「近親婚の禁止」**でした。

一般には、遺伝学的理由や社会倫理的理由によって、近親婚は禁止されていると考えられますが、レヴィ＝ストロースは、これは「共同体というシステム維持」の働きがあると考えます。言い換えると、「女性の相互交換―循環」の働きです。

じつは共同体というのは、もっとも大切にしている「女性」を別の共同体にやむをえず与えることではじめて、自らを維持していけるといいます。共同体にとってもっとも大切な女性（ときには子供）を「与える／受けとる」という「交換」によって共同体は維持され、この交換を起源にして共同体ができたというのです。

わかりやすくいうと、人間の交換なくして、社会には開かれたつながりが生まれません。そうでなければ、一家族に閉じていく、共同体が閉じていく、社会が閉じていく、ということです。

大事なことは、こうした近親婚の禁止は、いわゆる**「未開社会」であれ西洋の「文明社会」であれ存在する**ということと、その意味を自覚して行われているのではなく、**無意識のうちに行われている**ということです。

だから、人間社会にひそむ「普遍の構造」とは「近親婚の禁止」ということになります。

このように、当事者でさえ気づかないような無意識の構造を分析し、その意味を解明しようとすることで、人間社会の新たな様相が現れてきます。以上のような研究スタイルが構造主義ということになります。

野生の思考とは？

「文明社会」と「未開社会」のあいだに共通する「普遍の構造」から見えてくるものがあ

レヴィ=ストロースの「構造主義」
文明社会と未開社会に共通しているシステムがある
文明社会
未開社会
近親婚の禁止
無意識の普遍の構造がある = 構造主義

る一方で、両者のちがいから見えてくるものもあります。

　それまでの西欧では、文明の発達していない社会のことを「未開社会」と呼び、文明人よりも劣った「野蛮人」と見なしていました。

　しかしレヴィ＝ストロースは、これは「人間も社会も進歩していくという進化論的発想で、西洋文明を中心とした自民族中心主義（エスノセントリズム）である」と批判します。

　そして、未開社会を西洋文明よりも劣ったものとはせず、たんにタイプの異なるものだと考えて客観的に対比しました。

「文明社会」は、歴史的変化にホットに反応する「熱い社会」で、理論的に計画的に行う「栽培的思考」をもっているとします。

これに対し「未開社会」は、社会の安定性のために、歴史的な要因を消すことから「冷たい社会」で、「野生の思考」をもっているとします。

この「野生の思考」には、主体や人格的アイデンティティというものが想定されていません。

デカルトが「我思う」と言って以来の西洋の主体の概念に対立するイメージで、各自は共同体の秩序にそって考え、行動するのです。

サルトル批判

以上のレヴィ＝ストロースの主張から、サルトルの実存主義、マルクス主義、西洋近代哲学に対する批判をまとめると次のようになります。

①サルトル批判：サルトルは、「自由」という観点から人間の存在の社会的責任を強調しましたが、レヴィ＝ストロースの考えでは、個人の行為は意識しないうちに社会構造に規定されているので、「自由」にはなりえません。しかも、普遍的な社会構造というもの

「文明社会」と「未開社会」の違いから見えてくるもの

文明社会	未開社会
・熱い文化	・冷たい文化
‖	‖
歴史的変化に敏感に反応し 理論的、計画的にむかう 「栽培的思考」をもっている	社会性の安定のために 歴史的な要因を消す 「野生の思考」をもっている

未開社会が西洋文化に
劣っているわけではない
ただタイプが異なっているだけである

があって、それは変えることはできないのです。

では、私たちは「自由」になることも、社会を変えることもできないのか？

これでは現状維持しかないというネガティブな実感になってしまいます。

しかし私たちは社会で生きるかぎり、社会の構造（習慣や制度）に少なからず規定されるのは当然です。そうでなければ社会で生きていけません。「自由」と言っても、社会の枠内においてしか実現できないのも事実でしょう。

「俳優になりたい」と言って、いくら才能があったとしても、一人では実現できません。社会の人々から「俳優」と見られる（＝規定される）ことではじめて「俳優」となれるのです。

こう考えると、**構造主義はより現実的で、成熟した見方を示している**と言えます。

②マルクス主義批判：マルクス主義では、「経済上の動機」（＝支配階級と被支配階級とのあいだの利害的な力関係）のうえに「社会の諸制度」ができているとしました。

しかし、レヴィ＝ストロースは、「社会の諸制度」と「経済上の動機」のあいだには、人間が無意識につくりあげた目に見えない「構造」があるとします。この「目に見えない構造が大きな役割を果たしている」という新しいイメージを示しています。

③西欧近代哲学批判：「未開社会」の人々の思考様式（野生の思考）を見出したことは、西欧近代哲学における理性中心の主体概念が絶対的であるという考え方に対する批判になっています。理性や意識の働きのうしろには、それを無意識のうちにコントロールしている「構造」があるという新たな視点を提示しました。

【「現代」という神話世界に投げ込まれている】ロラン＝バルト

1915年～1980年。フランス・シェルブール出身。若くして結核を患い、後遺症に悩む。戦後、教授資格を取得。記号論を展開した著作を通じて60年代に国際的な名声を獲得した。主著に『神話作用』『テクストの快楽』がある。

作者は死んでいる？

構造主義を**「記号論」**として展開したのが、フランスの哲学者で文芸批評家のロラン＝バルトです。

バルトは、パリのソルボンヌ大学で学びますが、結核を患って後遺症に悩み、そのせいで教授になることはできませんでした。しかし病気を理由に兵役は免れます。

戦後の50年代から『零度のエクリチュール』『ミシュレ』など、しなやかな文章の著作を次々と発表し、時代の寵児となります。

1977年、フランスの最高学府であるコレージュ・ド・フランスの教授にまで登り詰めます。

しかし、最期はあっけないものでした。

1980年、クリーニング屋のトラックにはねられ、64歳で亡くなります。事故にあったのは、のちに大統領となるフランソワ＝ミッテランとのランチのあとだったと言います。

さて、バルトの「記号論」とはどういうものでしょうか？

はじめにそのアウトラインを示しておきましょう。

レヴィ＝ストロースの構造主義は、社会の「構造」の結果として「主体」があるという考えでした。「主体」は「構造」に規定されています。自由な「主体」というのはないわけですから、これはある意味、**「主体の死」**と言えます。

バルトの記号論も同じ図式です。

たとえば小説ならば、なによりも作品そのものの読み解きを重視して、作者は作品のあとからついてくるものだとします。

作者よりも、作品が大事なのです。これが「作者の死」と言われる考え方です。

構造主義：社会の構造∨主体……主体の死

バルトの記号論：作品∨作者……作者の死

表現した人ではなく、表現されたものだけを解読するという方法ですが、バルトはこれを文芸だけでなく、いろいろな分野にあてはめて展開しました。

作者のオリジナルではない

たとえば、ふつう文学作品を読むとき、作品というのは、作者の思想や考えを表したものと見なします。「作者＝作品」です。

だから極端な話、作品のことを理解するには、作者に聞けばいいということになります。よく作家に、「この作品でなにを伝えたかったのですか?」という質問をすることがあります。作品のことは作家が一番わかっているはずだから、作家に聞くのはなにもおかしくありません。

ところがバルトにしてみれば、これはナンセンスなことでした。こうした考え方は近代特有の発想だと批判しました。

バルトは、「作者」と「作品」を切り離し、「作品」は「作品」として見なします。ここに「作者の死」があります。

では、「作者の死」のあとどうなるのか?

バルトは、「作品」のことを「テキスト」（フランス語では「テクスト texte」）と呼びます。

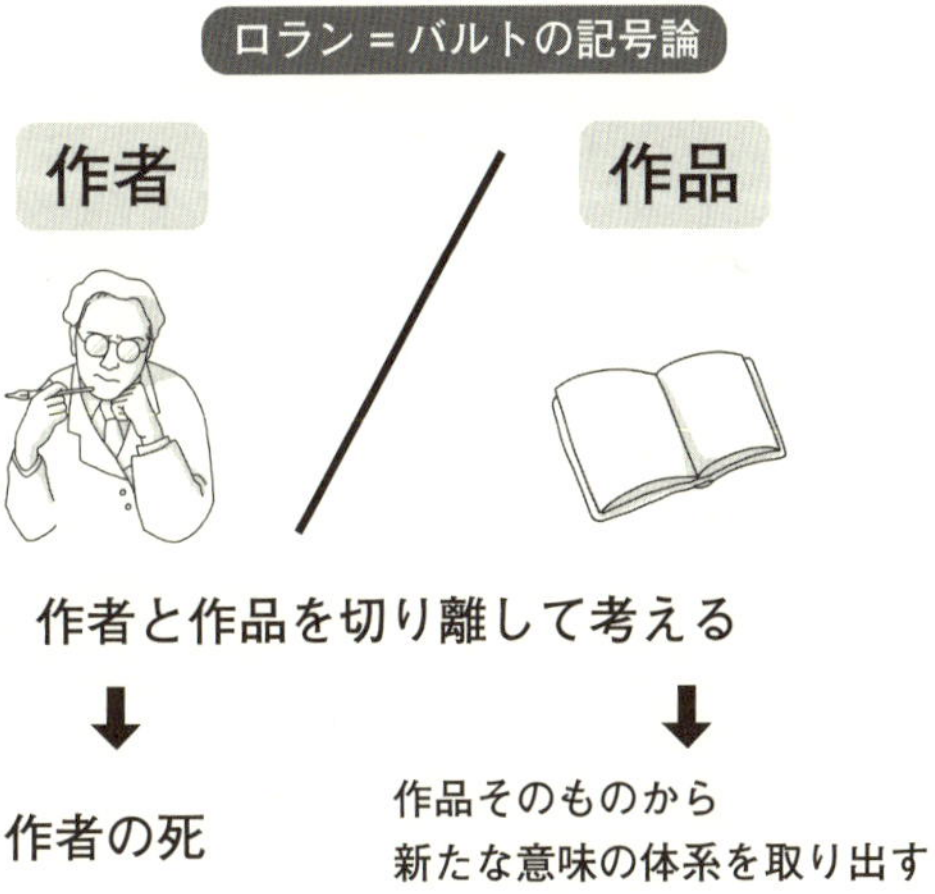
ロラン＝バルトの記号論
作者
作品
作者と作品を切り離して考える
作者の死
作品そのものから
新たな意味の体系を取り出す

テキストというのは、ラテン語の「織られたもの」に由来する言葉です。ここから、テキストというのは、いろいろなところからの「引用」によって「織られたもの」と考えます。

つまり、**あるテキストはオリジナルのものではなく、すでにあるほかの無数のテキストから引用してできている**ということです。だから文学作品でも、それは作者のオリジナルではなく、すでにあるものから引っ張ってきて織り上げているものと見なします。

バルトは、こういうスタンスで読むことで、作品のなかにそれまでにない新しい意味を見出そうとしました。

「作者の死」は文学作品に限りません。あ

らゆる表現形式や社会的な出来事にまであてはめて考えることができます。

たとえば、演劇や宗教儀式、イベント、ファッション、音楽、広告、モード、報道される事件、裁判などです。

これらは、身体の動き、映像、メロディをもった音、モノなどの要素が組み合わさり、織り上げられたものと見ることができます。

ふだんは漠然と見ている一つひとつの要素の組み合わせを分析することで、その表現や現象がどんな意味をもっているのかがわかります。

つまり、「記号の体系」から「意味の体系」を取り出す――。

これがバルトがめざしたものでした。

これによって、それまで学問的な対象とはなりえなかったものまで、文化記号としてきちんと分析できるようになりました。

いままで特に意味がないと思えていたものまで、私たちになんらかの意味を与えるものとして現れたのです。

デノテーション／コノテーション

現代社会は、どこを切り取っても意味を読み取れます。では、どのように意味は発生しているのか？

バルトは、ソシュールの「シニフィアン／シニフィエ」の二項対立の考え方からさらに発展させて、**「デノテーション（明示的な意味）／コノテーション（潜在的な意味）」**という考え方を示しました。

たとえば、オバマ前大統領のかつての選挙スローガン「Yes, We Can」でしたら、言葉そのものの意味であるデノテーションは「はい、私たちはできます」にすぎません。

でも、実際に有権者に伝わる意味としては、「格差や金融危機に直面したアメリカをいっしょに変えていきましょう、私たちならできます」というものです。これがコノテーションです。

「デノテーション／コノテーション」の仕組みが働いているのは、言葉に限りません。

たとえば、自動車の「ベンツ」は、デノテーションとしては「ドイツの自動車メーカーダイムラーのブランド」ですが、コノテーションとしては「高級車」「セレブ」、あるいは「勝ち組の車」「見栄を張っている」などという意味が発生してきます。

すると、私たちは普段の生活でも、**デノテーションよりもコノテーションに拘束されている**ことに気づきます。

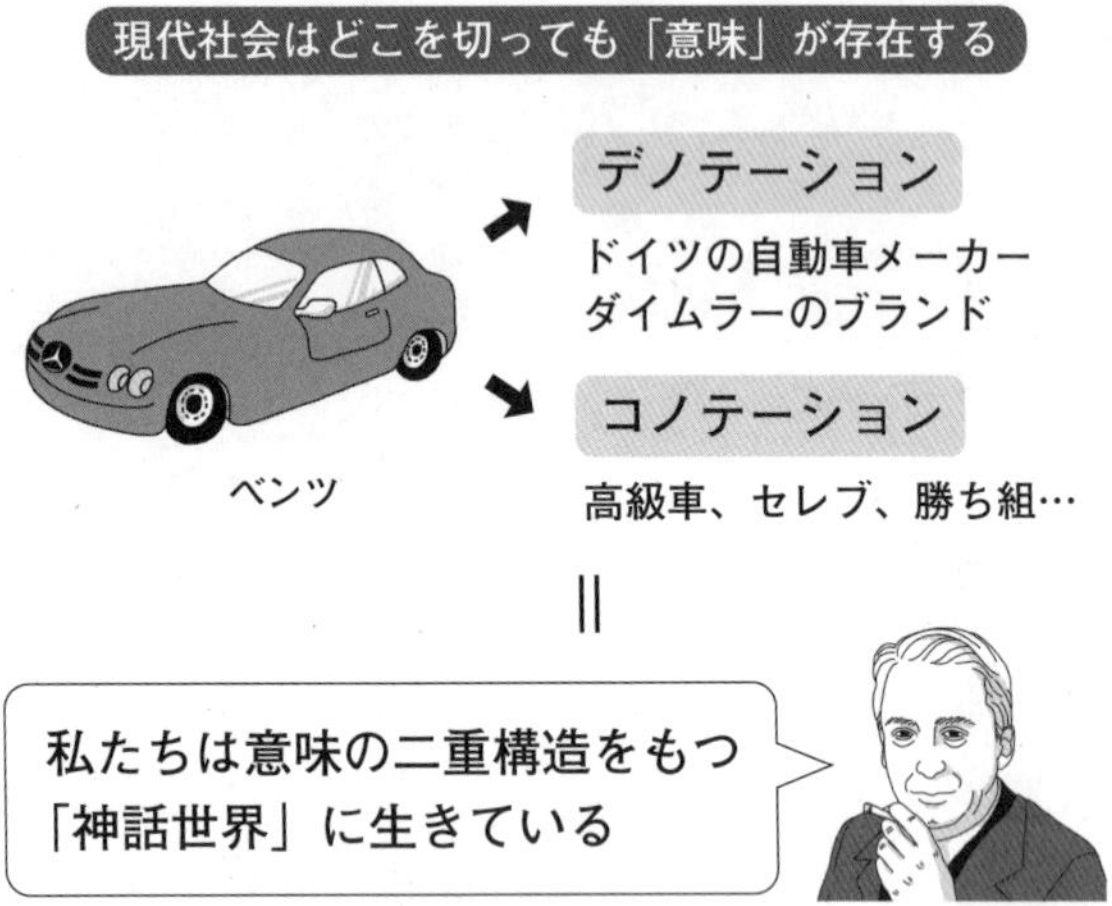
現代社会はどこを切っても「意味」が存在する
デノテーション
ドイツの自動車メーカー
ダイムラーのブランド
コノテーション
高級車、セレブ、勝ち組…
ベンツ
＝
私たちは意味の二重構造をもつ
「神話世界」に生きている

ファッションに無関心の人でも「プラダのバッグ」からは「おしゃれ」「高級」というコノテーションを、学歴を重視しない人でも「東大出身」から「高学歴」「エリート」というコノテーションを受け取るのです。

バルトは、この「デノテーション／コノテーション」からなる意味の二重構造を**「神話作用」**と呼びました。

現代社会に生きる私たちは、こうした意味をもつ世界（＝神話世界）に投げ込まれていて、無意識のうちに、ある一定の「世界像」を植え付けられていると言います。

記号論ブーム

日本でも、バルトのこの記号論的社会分

析はもてはやされました。なんでも、そこに隠された意味を見出そうとするからです。

都市論、メディア論、音楽論、写真論、モード論、映像論など、「〜論」があちこちで流行しましたが、これはもともとはバルトの記号論からはじまっていると言えます。

バルトの記号論を使えば、現代社会のあらゆる面に切り込んで、それがどんな意味をもっているのかを分析することができます。

構造主義の登場によって、マルクスの示した社会構造は過去のものとなりました。「上部構造／下部構造」という階級対立で分析する方法が古くなってしまったのです。

そこに現れたのがバルトの記号論でした。社会をどこからでも分析でき、意味を取り出せる新しい方法として、バルトの記号論は大いにもてはやされたのです。

【人間の無意識は言語でできている】
ラカン

1901年～1981年。フランス・パリ出身。医学を学び臨床医として出発するが、フロイトの精神分析に傾倒し、1964年、パリ・フロイト派を立ち上げる。精神分析学に構造主義の手法を採用した。主著に『エクリ』がある。

精神分析学×構造主義

構造主義を「精神分析」として展開したのがフランスの精神分析家のラカンです。

レヴィ＝ストロースが「社会（世界）」のなかの無意識の構造に注目したのに対し、ラカンは**「人間（私）」のなかの無意識の構造**に注目しました。

では、人間の無意識の構造とは、どうなっているのか？　ということになりますが、ラカンはこの部分をより具体的に描こうとしました。

ラカンはもともと哲学を学んでいましたが、医学の道に転向し、やがてフロイトの精神分析学に出会います。

時代は、人間の潜在意識から新しい表現をめざすシュールレアリスムの芸術運動が起きたころで、ラカンは運動にかかわる一方、臨床医として「狂気」といわれる人の精神分析にもあたりました。

有名なのは、劇場で女優をナイフで襲い重傷を負わせたエメという女性と面会を重ね、病歴を分析したもので、１９３２年の学位論文『人格との関係からみたパラノイア性精神病』にまとめています。

ラカンの代表的な理論の一つは、戦前の１９３６年の国際精神分析学会で発表された**「鏡像段階論」**です。

当時はほとんど注目されませんでしたが、戦後見直され、これによってラカンはフランスの精神分析の重鎮と見なされるようになります。では、まずはこの「鏡像段階論」を見ておきましょう。

鏡によって「私」がつくられる

ラカンは、ロシアの哲学者のコジェーヴ（１９０２～６８）の講義を通して、ヘーゲルの思想に出会います。

ヘーゲルによれば、「〝自己意識（私）〟というのは、〝他者〟によってつくられる」ということです（P118参照）。他人との関係において、はじめて「私」というのができてくるのです。この考えに触発されたラカンは、「私」というのは、いつごろ、どうやってつくられるのかを考えました。

生まれたばかりの赤ん坊というのは、まだ「私」というものをもっていません。自分と周りの世界との区別はできていません。自分になにかしてくれる「母親」がほとんど世界のすべてで、「母親」と一体となっています。

赤ん坊はよく、勝手に動く自分の手足を不思議そうに眺めていることがあります。手足がまだ自分のものという認識がなく、うまくコントロールもできていないのです。「私」と「身体」はバラバラになっている状態です。

しかし生後6～18ヶ月ぐらいになると、鏡に映った像を見て、それが「私」だということに気づきます。

ここではじめて**視覚的に「私」という統一されたイメージを見出す**のです。このように、鏡に映った自分によって、自分に気づくというのは、人間に特有の現象だとラカンは言います。

それから、**母親や周りの人たちが「私」に対してどう接しているか**を感じとるうちに、

ラカンの「鏡像段階論」

どのようにして「私」がつくられていくか？

鏡像

鏡に映った像を見て
それが「私」だと気づく

他者

他者の接し方によって
「私」の存在をつかむ

鏡や他者を通して、「私」はつくられていく

「私」とはどういう存在なのかをぼんやりとつかみはじめます。「私」に対してさまざまな態度をとる「他者」の存在を自覚するのは3〜5歳の時期で、エディプス期と呼びます。

このように人間は、**「鏡像」そして「他者」を通して、「私」をつくっていく**ということです。

これを言い換えると、「私」というものは、「私」だけでは決してつくられないということです。鏡像や写真など、外から見たイメージが必要だし、「かわいいわね」「やめなさい」などと他者からかけられる言葉やふれあいを通して、はじめて「私」というものがつくられていくということです。

ということでラカンは、「〝自己意識（私）〟というのは、〝他者〟によってつくられる」というヘーゲルの考えをより深めました。「私」の存在は「鏡像」や「他者」次第なのだから、「私」の存在はとても不安定なものです。

ラカンの「私」は、理性の輝きをもった近代自我とはまるでちがう、たよりない存在でした。

無意識の構造

戦後、「鏡像段階論」で注目をあびたラカンは、フロイトの精神分析学と構造主義との結合をめざしました。

じつはフロイトは、無意識というものがどうやってできるのかも説明せずに使い続けていましたが、ラカンはこの無意識がどうやってできるのかを考えます。その答えは意外なものでした。

「無意識は一つの言語として構造化されている」

というものです。どういうことか？

先ほど見たように、人間は、エディプス期（3～5歳）に「他者」との関係のなかで「私」

がつくられるということですが、具体的にどうつくられるかというと、それは「言語」によります。

このころ人間は、周りの「他者」から言語を学びます。

これはラカンによれば、言葉そのもの（シニフィアン）が心に差し込まれる状態だと言います。いろいろなシニフィアンが入ってきて、シニフィアン同士の差違を整理して、体系づけるのです。

つまり、無意識はシニフィアンの「差違の体系」として、構造化されていくのです。

こうして他者から言語を学ぶなかで、「私」は無意識的に言語を使い、自分の思いを自由に伝えられるようになります。すると「私」というのは、無意識に体系づけられる言語をもとにつくられるものと言えるのです。

想像界・象徴界・現実界

以上のことをふまえて、ラカンは、人間の生きる世界を**「想像界」「象徴界」「現実界」**という3つに整理しました。

まず「想像界」ですが、これは鏡像段階に通じるもので、まだ「母親」（他者）と「私」

人間が生きる3つの世界

想像界
他者と自分の区別がつかず、まどろんでいる世界

象徴界
他者から言語を学び、私が形づくられていく世界

現実界
象徴界の複雑さに耐え切れず、陥る無秩序な世界

人間はこの3つの世界のいずれかで生きている

の区別がはっきりつかないなかでまどろんでいるような世界です。「他者」とは本来、言語を介してコミュニケーションをとるものですが、「他者」と「私」は未分化なので、言語は必要ありません。しかし、自分の思い通りになると思っていた「母親」（他者）が、そうではないことに気づき、「母親」への攻撃性が生まれます。

この問題を乗り越えるために、「他者」から言語を学びながら、「私」をつくりはじめます。

「私」をつくった人間は「想像界」から「象徴界」に入ります。「象徴界」は、言語を使ったネットワークが築かれた世界です。つまり、ふだん生活している世界です。

「私」は、周りの「他者」が使う言語の規

則に無意識的にしたがって生きます。したがうのは言語の規則だけではありません。掟や秩序、社会的な規範などにもしたがいます。

ラカンは、これら社会のルールを**「大文字の他者」**と呼びました。個人の無意識の欲望を規制・監督するという意味で、フロイトのいう**「超自我」**と似ています。

すると、「私」というのは社会のルールにしたがっているわけですから、ある意味、社会が望んだかたちのものとなっています。本当の「私」というよりは、社会で生きていくために「つくられた私」「象徴化された私」になっているのです。

しかし、秩序立てられた「象徴界」のなかで生きていくことが耐えられなくなって、精神が破綻し、無秩序な世界に落ちることがあります。これが「現実界」です。

「現実界」というとイメージが難しいですが、超現実といったほうがわかりやすいでしょう。規則や秩序をとっぱらった、生々しい裸の現実で、幻覚などとして現れる世界ということになります。

【人間的なマルクスと科学的なマルクスがいる】

アルチュセール

1918年～1990年。フランス・アルザス家系の出身（生まれはアルジェリア）。第二次世界大戦中は捕虜生活を送る。戦後、新しいマルクス像を示し国際的名声を獲得。主著に『マルクスのために』『資本論を読む』がある。

妻を殺した哲学者

マルクス主義に代わる思想上の大きな流れとして登場した構造主義ですが、その**構造主義のなかからマルクス主義をもう一度見直す**という作業が行われました。その作業を行ったのが、フランスの哲学者のアルチュセールです。

戦後フランスの思想界を賑わせたサルトルとロラン＝バルトは1980年に亡くなっていますが、アルチュセールもある意味、同じ年に「死んだ」と言っていいです。

アルチュセールは哲学を志し、超エリート校の高等師範学校に入学しますが、ほとんど同時に第二次世界大戦が勃発し、フランス軍の兵士として動員され、ドイツ軍の捕虜となります。

捕虜として5年間の収容所生活を余儀なくされますが、この間に精神病の発作を起こし、彼の人生は精神病との闘いとなります。

「躁鬱病」の診断を受けましたが、彼の鋭敏な感覚の思想というのは、鬱状態を脱したときに極端に舞い上がって精神が高揚したなかで生まれたとも言われています。

もともと熱心なカトリックであったアルチュセールは、マルクス主義との「ふたまた」をかけます。当時、戦後フランスでは、ナチスに抵抗したレジスタンス運動を通してマルクス主義、共産党の影響力が強まり、カトリックであった知識人の多くが共産党に入党していきましたが、アルチュセールも、妻エレーヌの影響もあって最終的にはマルクス主義に傾き、それがのちのマルクス研究につながります。

アルチュセールは、思想家として偉大でしたが、同時に先生としても偉大でした。

高等師範学校の哲学復習教師として、ミシェル＝フーコー、ジャック＝デリダ、ジル＝ドゥルーズというポスト構造主義の巨人たちを指導したのはアルチュセールでした。

自分の思想を押し付けるのではなく、あくまで学生の思想を尊重して成長させてくれる指導法は評判がよく、多くの教え子がアルチュセールに感謝を示しています。

そんなアルチュセールでしたが、精神病はどんどん悪化し、１９８０年11月、妻エレーヌの絞殺という最悪の結末を迎えました。

精神病のため刑事裁判は逃れましたが、１９９０年の病死まで、最後の10年は公的には「死んだ人」となっていたのです。

さて、アルチュセールの主な業績は、１９６５年に出版された2冊、『マルクスのために』と『資本論を読む』にあります。

２つのキーワード、**「認識論的切断」**と**「重層的決定」**から紐解いてみましょう。

マルクスに一貫性はない

まず、「認識論的切断」です。

認識論的切断とは、もともとはフランスの科学哲学者ガストン＝バシュラール（１８８４〜１９６２）が示した考え方です。

たとえば、科学の歴史を理解しようとすると、年代順に科学的発見をおって理解しようとしますが、それは筋の通った一本のストーリーのようにはできていません。

突然まったくちがったタイプの科学的発見がでてきたりするので、そのあいだの溝を理解しなければいけません。

このように**物事には一貫性はなく、ところどころに「切断」がある**とする前提に立ちます。一本のストーリーではなく、いくつものショートストーリーが並んだものとしてとらえていきます。これが認識論的切断の考え方です。

アルチュセールは、この考え方をマルクス思想の解読に使いました。

じつはマルクス主義といっても巷にはいろいろあふれていて、なにが本当のマルクスなのかわからなくなっていました。

暴力革命・共産党一極集中の「ロシア型マルクス主義」、哲学的に労働者の革命的実践を唱えた「主体主義的マルクス主義」、ファシズムと反ユダヤ主義の反省に立った「フランクフルト学派のマルクス主義」、サルトルに見られる「実存主義的マルクス主義」などなど……。

しかも、時代は米ソ冷戦の激化とともにマルクス主義の衰退がすすんでいる状況でした。

そんななかでアルチュセールは、マルクスをもう一度読み直すことからはじめました。それまでのマルクス研究をいったん脇において、純粋にテキストとだけ向き合うのです。

すると、同じ人間であるマルクスの思考に一貫性はなく、切断されて突然変わっているところがあることに気がつきました。

その分岐点は、1844年の『経済学・哲学草稿』と、1845年の『ドイツ・イデオ

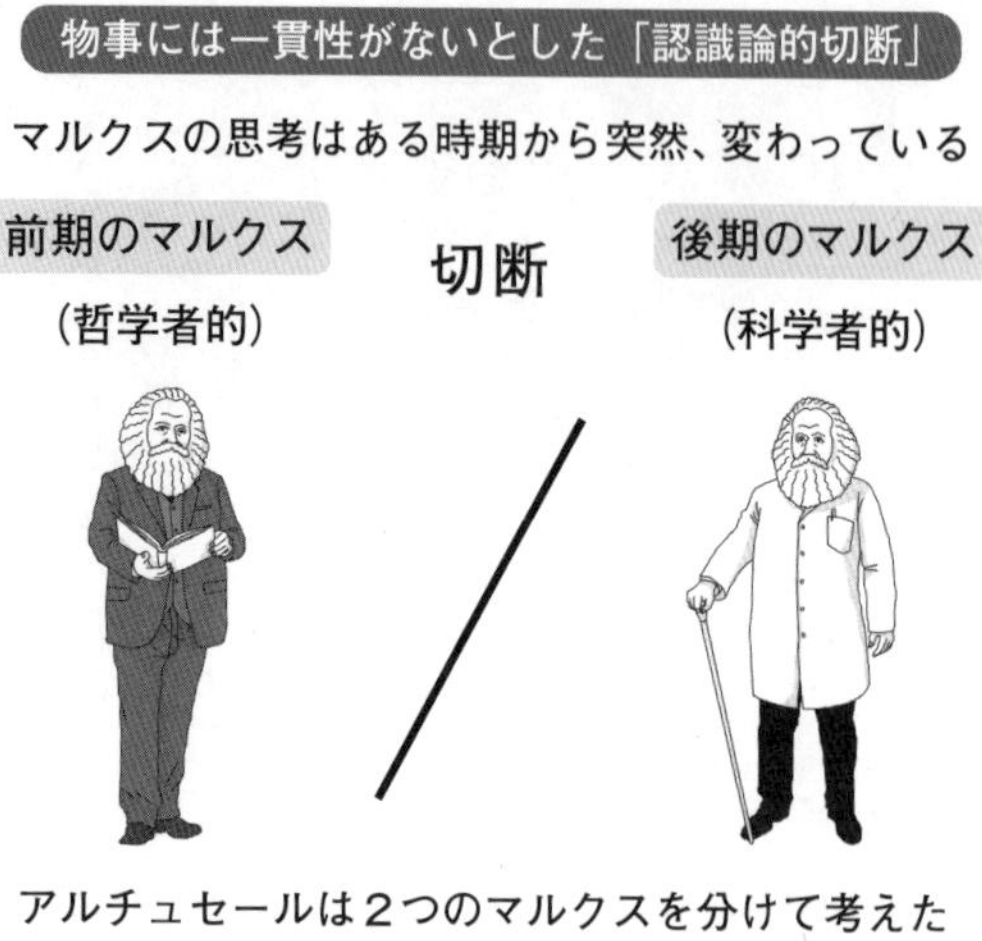
物事には一貫性がないとした「認識論的切断」
マルクスの思考はある時期から突然、変わっている
前期のマルクス
（哲学者的）
切断
後期のマルクス
（科学者的）
アルチュセールは２つのマルクスを分けて考えた

ロギー』のあいだにありました。

分岐点を境に、前期のマルクスは、ヘーゲルの影響を強く受けています。

資本主義のなかで「疎外」された人間の精神解放をめざしていて、人間を中心にとらえた「イデオロギー」となっていました。イデオロギーとは、もともとマルクスが使いはじめた言葉ですが、その人の政治的・社会的立場を形づくる考え方のことです。

これに対し後期のマルクスは、よりオリジナルな思想に行き着いていました。それは、それぞれの人間の意図や行為というものは考えず、社会を経済的な構造としてとらえる「科学」でした。

このように**マルクスという人は「哲学**

者」から「科学者」へ、思想的には「イデオロギー」から「科学」へと移行していたのです。

アルチュセールは2つのマルクスを明確に分けて整理したのです。

いくつもの原因が複雑にからんでいる

次に「重層的決定」です。

これは、原因と結果を一対一でとらえるのではなく、いくつもの原因がからみあって結果がもたらされるととらえるものです。

最初にこの考えを使ったフロイトによれば、夢というのは、楽しい体験をしたから楽しい夢になるとか、恐ろしい体験をしたから恐ろしい夢になるとかいう単純なものではなく、いろいろな体験が圧縮されたり移動したりという、複雑な作業をへて、夢となっているといいます。原因と結果は一対一でとらえられません。

アルチュセールは、この「重層的決定」の考え方を採り入れます。

一般的なマルクス主義は、原因と結果を一対一でとらえます。

「下部構造」のあり方によって「上部構造」が決まる、あるいは「階級意識」によって「社会構造変革」がもたらされる、というものです。

「重層的決定」の考え方を採り入れたアルチュセール

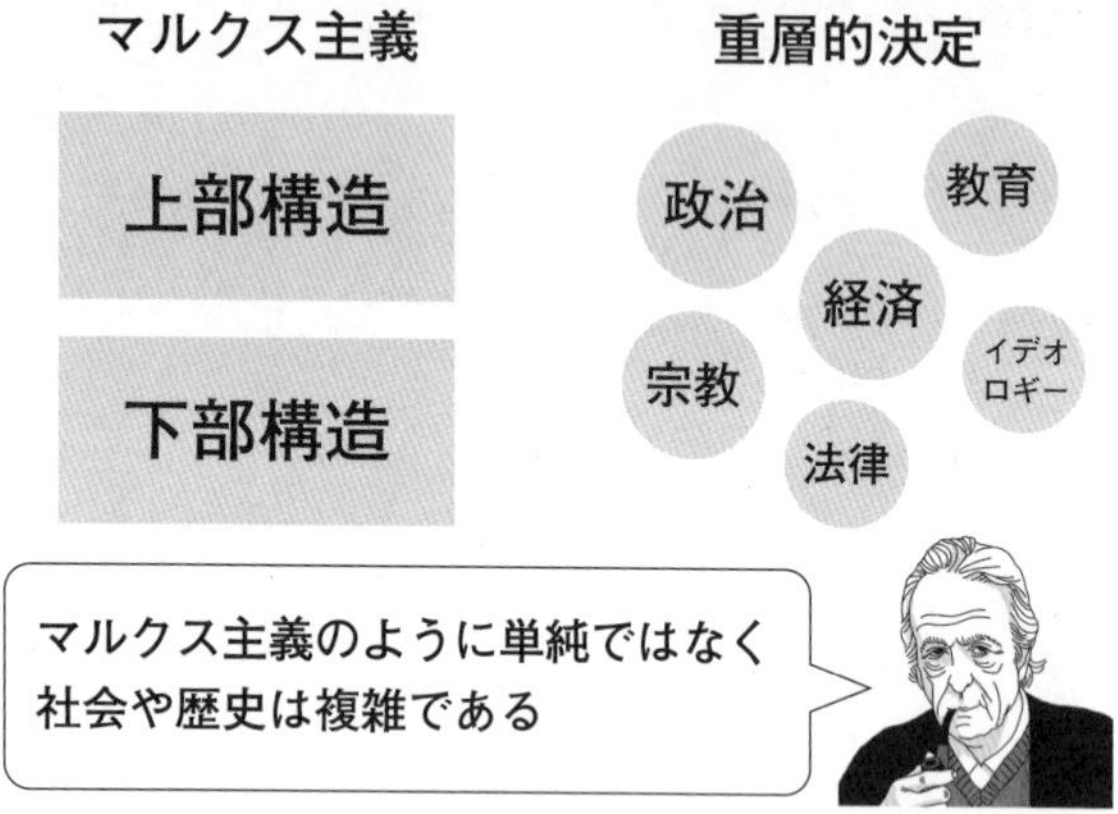
マルクス主義
上部構造
下部構造
重層的決定
政治
教育
経済
宗教
イデオロギー
法律
マルクス主義のように単純ではなく
社会や歴史は複雑である

しかし、こんな単純に社会や歴史を説明することはできません。

実際には、**政治、経済、イデオロギー、法律、宗教など、あらゆるものが複雑にからみあって動いている**ものです。

アルチュセールは、社会や歴史を複雑な要素のからみあいとして説明しました。これは近代哲学のように「主体」を中心に物事をとらえる見方とはちがって、いわば、レヴィ＝ストロースやロラン＝バルトに見られた「主体の死」にも重なります。

サルトルの実存主義では「主体」は自立的に積極的に社会にかかわるべきものでしたが、これをアルチュセールは否定しました。

彼によれば、個々の主体はそんな自立的なものではないし、かといって国家に無理やり支配されるものでもないと言います。より厳密に言うと、自発的にすすんで国家に服従する臣民であると言います。

ここにアルチュセールの**「主体なき構造主義」**があります。

しかし、これは個人という主体が歴史のなかで果たす役割を否定するもので、人間の自立性を拒絶する思想だということで、大きな議論を呼びました。

【自分が自分を監視している】

フーコー

1926年～1984年。フランスのポワチエ出身。構造主義者ともポスト構造主義者とも言われるが、本人は「歴史家」と言った。若いころは自殺未遂を何度か起こす。同性愛者で、エイズにより57歳で死去。主著に『言葉と物』『監獄の誕生』がある。

「歴史家」のフーコー

構造主義は、社会の普遍的な構造があるとして、真理のようなものを想定していました。この点では、真理があるとする近代哲学の枠内にあったと言えます。

ところが、構造主義者たちにつづく世代である、**ポスト構造主義者**たちは、**真理の存在を認めていません。**この点は大きくちがいます。

ここで紹介するミシェル＝フーコーは、１９６６年の著書『言葉と物』が「フランスパンのように売れた」と言われるほど話題になって、構造主義の旗手と見なされましたが、１９７５年の『監獄の誕生』や７６年の『知への意志』になると、ポスト構造主義者と見なされるようになります。

また一方で、フーコー自身は自分のことを一貫して**「歴史家」**と言っています。歴史家・フーコーはどんな思想を展開したのでしょうか？

人間のものの見方や行動というのは、時代によって変わります。

たとえば、狩猟生活時代とくらべると、現代は自然への畏怖の念が薄れていると言えます。人間のものの見方や行動は普遍的なものではなく、その時代特有のものにしばられています。

こうした発想をもったフーコーは、その時代特有のものを**「知の枠組み（エピステーメ）」**と呼び、各時代の「知の枠組み」をとりだそうとしました。

まず中世以降の西欧社会を、ルネサンス時代、古典主義時代（17～18C）、近代（19C～）に区分けします。そして資料を集めて時代ごとに考古学的に調べていきます。まさに「歴史家」の姿です。

ふつうの歴史家とちがうのは、歴史を連続する流れとして見ないことです。時代と時代のあいだには「断層」があるとして、あくまでも一つの時代のなかだけで調べるのです。そうすることで、その時代ごとの「知の枠組み」が見えてくるのです。たとえば、どんなことがわかったのでしょうか？

ここに、A、B、Cというモノがあったとします。

ルネサンス時代は、見た目が似たものを、A、B、Cと並べていました。現代から見ると、雑多なものの集まりです。

ところが古典主義時代になると、AとBは同じものだが、Cはその他のものとします。「同じもの」と「その他のもの」という区分けがされるようになりました。

近代になると、「人間」を中心に見ていきます。Aは人間に必要だが、BとCは人間に必要ないとします。このような意味づけをします。

こうして近代には、人間を中心に物事を秩序づける人文科学（人間科学）が生まれたと言います。具体的には、生物学、経済学、言語学です。

このように、ものを考えるときに、「人間」という基準が現れたのが近代です。フーコーに言わせれば、**「人間とは最近の発明」**となるわけです。

しかしこの「近代生まれの人間」は、終わりを迎えようとしていると言います。なぜなら、近代の人間の「主体」や「意識」というものも、無意識や社会の構造に規程されていると考えられるようになってきたからです。

このことを表現した、『言葉と物』の最後の一節は有名です。

「人間は波打ちぎわの砂の上に描いた顔のように、消滅するだろう」

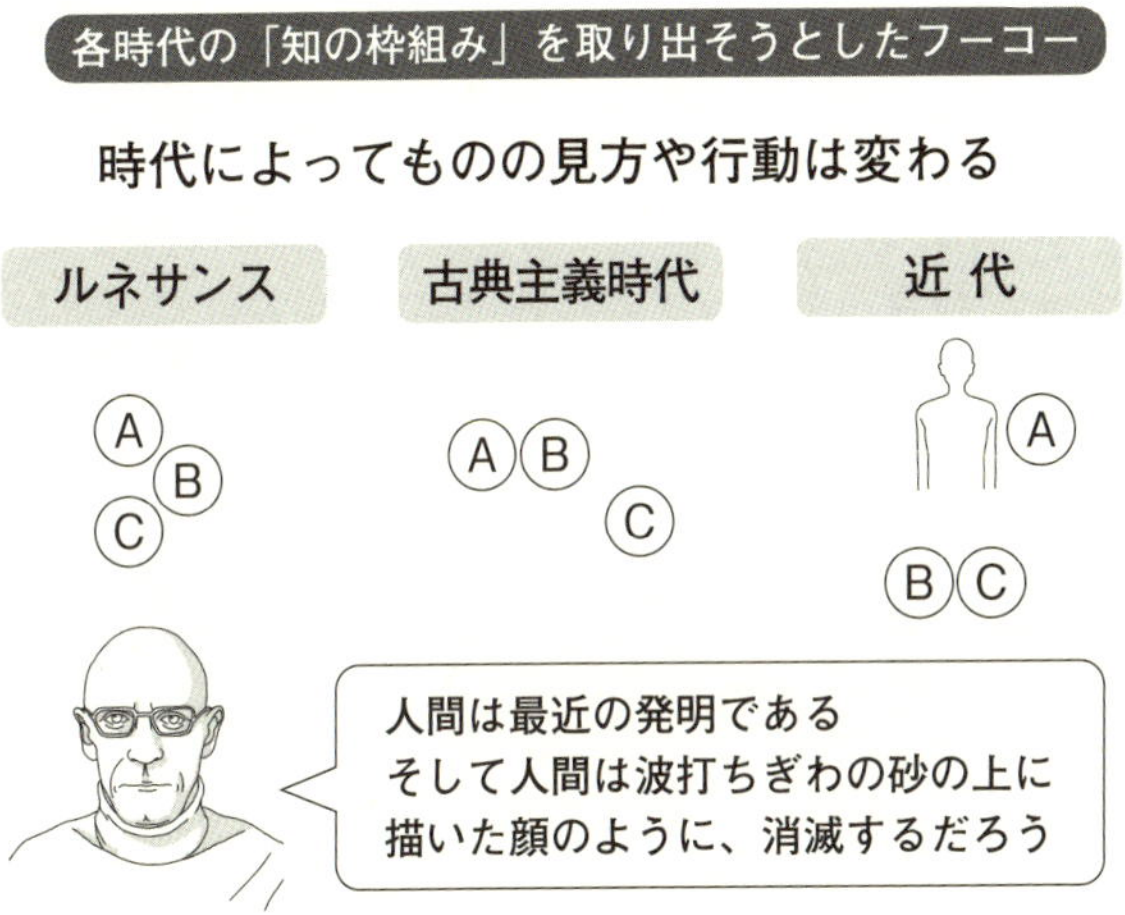
各時代の「知の枠組み」を取り出そうとしたフーコー
時代によってものの見方や行動は変わる
ルネサンス
古典主義時代
近代
A
B
C
A
B
C
A
B
C
人間は最近の発明である
そして人間は波打ちぎわの砂の上に
描いた顔のように、消滅するだろう

自己監視システムがある

近代の人間を中心とした考え方は、すべて「主体（自分）」のなかで考えて認識するものでした。自分の意識に「怖い人」と映ったら、それは「怖い人」なのです。

これに対しフーコーは、「主体（自分）」の外から与える影響を考えようとしました。それが『監獄の誕生』や『知への意志』で描かれた**「権力論」**です。

権力というと、国家の権力、独裁者の権力など、強大な組織や人物がもつ強制的な力で、上から下へ暴力的に働く力と考えがちです。ところがフーコーは、「権力とは上からも下からも無数にやってくる力のせめぎあい」としました。

どういうことか？

フーコーは、権力によって囚人たちを監視している監獄システムに注目しました。特に興味をひいたのが、**パノプティコン**です。

パノプティコンとは、イギリスの思想家ジェレミー＝ベンサム（1748〜1832）が考えた監獄の建築様式です。

中心に塔が置かれ、その周りに独房に分割された建物が円環状に建てられています。各独房は監視塔から監視できますが、独房の囚人からは監視塔のなかの監視者を見ることはできません。そのため、囚人はつねに監視されているという意識をもたされます。実際には監視者がいないかもしれないのに、絶えずなにかに怯え、不安を抱きつづけることになります。

最終的には、監視者がいなくても、いつも規則正しい行動をとるようになります。なぜかというと、**自分のなかに監視者の役割ができて、もう一人の自分に目を光らせるようになる**からです。

つまり、一人の人間が、「監視者＝権力を使う人」と「囚人＝権力に服従する人」という2つの役割を引き受けている状態におかれるのです。

パノプティコンによる監獄システム

中心に監視塔が置かれ、監視塔からは独房が見えるが独房からは監視塔の中が見えないようになっている

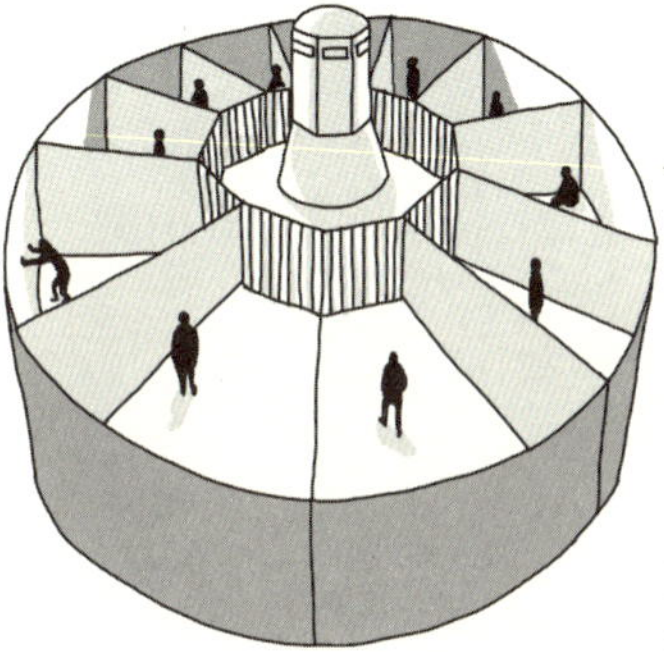
こちらからは
見えないけど
見張られているかも
しれない…
自分の中に監視者と囚人の
役割をつくってしまう
＝
近代以降の社会のあらゆる
場所に見ることができる

じつはこうした状況は、パノプティコンの囚人にかぎらず、近代以降の社会のあらゆるところに見られます。会社、学校、工場、家庭、軍隊、病院など、そこで働いたり生活する人たちは、**無意識のうちに「自己監視システム」をもっている**のです。

監視する人がいなくても、だれかから強制されなくても、自分のなかで「これはやってはいけない」「これはやらなければいけない」というような権力が働いています。私たちの内面にまで権力の働きが浸透しているということです。

結果的に社会や組織のルールを守り、だれかに指示されなくても、定時に出社する、盗みはしない、列に並んで待つ、という行動となって現れます。

だから、**「主体（自分）」というのは、自由なようで、そうではない**のです。すでに自分のなかに、権力を働かせる自我が入り込んでいて、もう一方の自我を支配し、コントロールしているのです。

フーコーは、知らないあいだにコントロールされている人間の姿を暴き出した、と言えます。

では、この権力に抵抗して変えていくことはできるのでしょうか？

残念ながら、こうした権力には具体的な姿はありません。個人の自由が権力に抑圧されていると感じても、打倒すべき権力者がいません。だから、この社会を変えようとしてもどうしたらよいかわからない、ということになります。

美しく生きる

晩年のフーコーは、権力論を土台に倫理学を志します。

それは**「生存の美学」**と呼ばれるもので、自分の一回きりの人生を美しく生きようというものでした。ただそのとき、社会や歴史、制度、文化などの制度的なものにどうしても制限されます。外からの権力や、また内面にできた権力の影響をうけます。そうした権力の網の目のなかで、自分の生きるスタイルを編み出していく――。これが生存の美学ということになります。

フーコーは同性愛者で、社会的な偏見や誤解にさらされて生きていました。若いころは何度も自殺未遂を起こしています。じつはフーコーの哲学は、こうした自分の人生の苦悩のなかから生まれていたと言っていいのです。

自分の人生を美しく生きたフーコーは、1984年、長く苦しんだエイズによってこの世を去りました。

【思ったことと言ったことはズレている】

デリダ

1930年～2004年。当時のフランス領アルジェリア生まれのユダヤ系フランス人。プロサッカー選手の夢を捨てて哲学者に。パリの社会科学高等研究院「哲学制度」研究ディレクター。主著に『エクリチュールと差違』『声と現象』などがある。

脱構築とは？

ポスト構造主義者の２人目は、フランスの哲学者のデリダです。

デリダと言えば、**「脱構築（デコンストリュクシオン　Déconstruction）」**です。

これは簡単に言うと、**オリジナルとコピーの関係を調べること**と言えます。「構築」されたコピーから「脱」して、そもそものオリジナルと比べるということです。

そのとき、本来はオリジナルとコピーは同じものと考えられますが、じつはそこには「ズレ」があるのではないか？　さらにはオリジナルも完全なオリジナルではなく、なにかのコピーになっているのではないか？

このように切り口をもつ「脱構築」によって、デリダは近代哲学の「あたり前」に大きな揺さぶりをかけていきました。

たとえば、ここに花が咲いていたとします。心のなかで「きれいな花が咲いている」と思います。これはオリジナルの「意味」ということになります。

これを「きれいな花が咲いている」と声に出して他人に伝えます。この「話すこと」は、オリジナルの「意味」に対して、コピーと言えます。

それまでの哲学では、オリジナルの「意味」とコピーの「話すこと」は一致しているという前提に立っていました。

ところがデリダの脱構築では、**オリジナルの「意味」とコピーの「話すこと」は一致しておらず、わずかな「ズレ」がある**と見ます。

また、心のなかの「意味」を伝えるには、「話すこと」のほかに、「書くこと」があります。「きれいな花が咲いている」と声に出したことがオリジナルだとすると、それをそのまま文字で書いたものがコピーです。

オリジナルの「話すこと」とコピーの「書くこと」は一致しているはずですが、デリダはここにも「ズレ」があると言います。

整理すると、次のようになります。

従来の価値観に揺さぶりをかけたデリダの「脱構築」

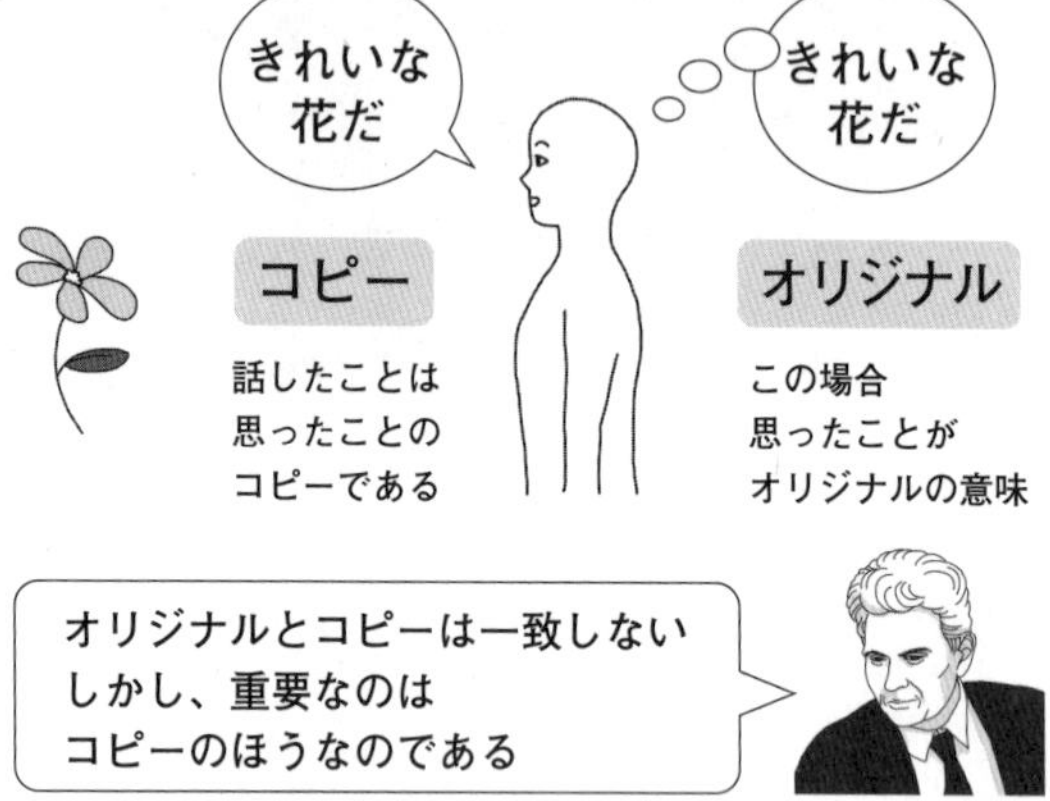
きれいな花だ
きれいな花だ
コピー
話したことは
思ったことの
コピーである
オリジナル
この場合
思ったことが
オリジナルの意味
オリジナルとコピーは一致しない
しかし、重要なのは
コピーのほうなのである

西洋近代哲学：「意味」＝「話すこと」＝「書くこと」
デリダの脱構築：　「意味」≠「話すこと」≠「書くこと」

差延とは？

では、オリジナルとコピーのあいだの「ズレ」とはなんなのか？

デリダはこの「ズレ」のことを**「差《さ》延《えん》（ディフェランス　différance）」**という言葉で説明しています。「差延」とは、「差違（ディフェランス　différence）」と「遅くする（ディフェレ　différrer）」をかけあわせたデリダの造語ですが、ここには2つの意味の「ズレ」が表されています。

まず一つ目は時間的なズレです。

心のなかに「意味」が浮かんでも、それを声に出して「話す」までには、わずかな時間的なズレがあります。

話したことを「書く」ときにも、当然、時間的なズレがあります。だからもとの「意味」は、「話す」にしても「書く」にしても、時間的なズレにさらされていることになります。時間的なズレがあるということは、オリジナルの「意味」はありのままには伝わらないということです。

もう一つは言葉そのもののズレです。

これはソシュールのところで見たように、言葉の意味というのは、ほかの言葉とのズレ（差違）によってはじめて現れてくるものです。「蝶」に対して「蛾」というちがう言葉があるから、「蝶」の意味がよりはっきりするのです。「蛾」という言葉がなければ、「蝶」のなかに「蛾」も含まれ、意味が変わってきます。

すると、心のなかの「意味」は、「話すこと」や「書くこと」で言葉に置き換えようとしたとたん、言葉のズレの世界（差違の体系）にさらされることになります。

会話でもメールでも、思ったことがストレートに言葉にできないと感じることがあると思いますが、こうした感覚に近いでしょう。

心のなかの「意味」にぴったりあう言葉があるのではなく、言葉の世界から適していると思われる言葉を妥協して選んでいるのです。だから、オリジナルの「意味」とは「ズレ」があるのです。

以上のことから、オリジナルの「意味」というのは、ストレートに正確に伝わっているのではなく、ズレがあると考えられるのです。デリダはこうした現象を**「言葉の戯《たわむ》れ」**と呼んでいます。

コピーのほうが重要

オリジナルの「意味」と、そのコピーの「話すこと」、さらにそのコピーの「書くこと」のあいだにはそれぞれズレがあります。「オリジナルとコピーは一致しない」ということがわかりました。

デリダはさらにここから踏み込みます。通常、オリジナルとコピーでは、暗黙のうちにオリジナルのほうが重要だと考えます。

ところがデリダはこの秩序を転倒させ、**コピーのほうが重要**だと言います。

どういうことか？

繰り返しになりますが西洋哲学では、心のなかの「意味」と「話すこと」は一致していると考えられていました。そして「書くこと」は「話すこと」を正確に写し取ったものとして価値があったわけです。

つまり、「意味」＝「話すこと」＝「書くこと」という関係ですが、このとき暗黙のうちにオリジナルの「意味」が重要だと考えます。

ところがデリダの脱構築の見方では、心のなかの「意味」も、「話す」ときに、さらには「書く」ときに、言葉という記号によって置き換えられていて、すでに**オリジナルの「意味」がなくても成立している**と指摘します。

オリジナルの「意味」がなくても成立しているということで、「主体の死」が生じていると言えるのです。だからデリダは、オリジナルの「意味」よりも、言葉に置き換えられたコピーとしての「書かれたもの」を重視しました。書かれたもののなかの言葉の戯れに潜り込んで、新たな意味を見出す、ということをやったのです。

オリジナルはない

さらにデリダは、**オリジナルもじつはなにかのコピーになっている**、と指摘します。

人間は、言葉を聞いたり、使ったりしますが、言葉から生じる「意味」というのは、前述のように、言葉と言葉のズレ（差違）から生まれるものです。

こうして人間は、言語活動をしながら、心のなかに言葉の差違の体系を築いていると言えます。簡単に言えば、人間の心のなかというのは、言葉でできていると言えます。

このことから考えると、心のなかの「意味」というのも言葉でできているから、それは決してオリジナルではなく、それまで聞いたり使ったことのある言葉のコピーになっていると言えるのです。するとどこにもオリジナルはないことになります。

こうした考え方はある程度、納得がいくのではないでしょうか？　芸術表現も企画書のアイデアも、完全なオリジナルではなく、必ず他のものをヒントにしているものです。

では、「自分」というものはどうでしょうか？　言葉でできた自分の心は、オリジナルと言えるのでしょうか？　「自分らしさ」はあるのでしょうか？

デリダはユダヤ系のフランス人です。しかも生まれたのは当時のフランス領アルジェリアです。「自分は何者か？」と自問せざるをえないルーツの複雑さ、これがデリダの**「自分らしさ」**や**「アイデンティティ」への疑い**につながったと言われています。

また、オリジナルの意味さえも結局はなにかのコピーになっているのではないか、つまりは本当の意味（＝真理）はないのではないか、というデリダの脱構築がたどった道筋は、西洋哲学そのものの批判となっています。

デリダは、西洋哲学の行きつく先が、わかりやすい言葉で思想的に人々を誘導する全体主義であり、ナチスによるホロコーストだったと考えていました。

それはもちろん、ユダヤ系の自分にも無関係ではない歴史的な悲劇でした。だからデリダは、真理や理想をおく西洋哲学そのものへの批判にむかったと考えられます。

真理がないとする以上、デリダの思想はなにか真理めいたことを教えてくれるわけではありません。自ら言葉の戯れのなかに身をおいて思考するという、極めて骨の折れる作業を延々とつづけるしかないのです。

【ノマド的思考で欲望の可能性を解き放て！】

ドゥルーズ

1925年～1995年。フランス・パリ出身。ポスト構造主義を代表する哲学者で、パリ第8大学の教授を務める。自宅のアパルトマンの窓から投身自殺した。主著に『差違と反復』、ガタリとの共著に『アンチ・オイディプス』『千のプラトー』などがある。

21世紀の思想

ポスト構造主義のもう一人の代表格がジル＝ドゥルーズです。

彼は生涯のほとんどをパリという都市から離れることなく過ごしましたが、最晩年はパリ17区の自宅で療養生活を余儀なくされ、１９９５年11月、酸素吸入器を取り外し、アパルトマンの窓から飛び降りて自死を遂げています。

ドゥルーズは、21世紀を目前に逝ってしまったわけですが、その思想は**21世紀を予見していた**面があると言われています。

インターネットが発達し、パソコンやスマートフォンを手に都市空間を自由に飛び回り、世界中のさまざまな人々とコミュニケートし、そこから新たな可能性が生まれてくる——。ドゥルーズは、そんな21世紀のライフスタイルを描いていたのです。

脱コード化

「ドゥルーズ＝ガタリ」という名前を聞いたことがあると思いますが、これはジル＝ドゥルーズと、精神分析家のフェリックス＝ガタリのことです。2人はドゥルーズ＝ガタリとして、5冊ほどの本を共同執筆しています。

代表作『資本主義と分裂症』（第一部『アンチ・オイディプス』、第二部『千のプラトー』）では、人間の「欲望」をキーワードに現代社会をとらえ直し、人間は心も身体も「欲望」の充足をめざす機械にすぎない**「欲望機械」**と呼んでいます。

人間の「欲望」は、本来的には無方向に散乱していきます。

しかし一方で、一定の方向に規制することがあります。**欲望を無方向に散乱させていては社会は成り立たないので、規制する（＝コード化）**ことになります。

それでは、人間の「欲望」はこれまでの歴史でどのようにコード化されてきたのか？

大きく3つの時代に分けて分析します。

資本主義社会は「脱コードの社会」である

人類の歴史のなかで「欲望」は どのようにコード化（規制）されてきたか？

古代国家
コードの社会
土地や物品の所有によって欲望のコード化が行われた

→

専制主義国家
超コードの社会
ごく一部の人間のみに欲望のコード化が行われた

→

資本主義社会
脱コードの社会
社会のコード化に対して、そこから欲望が抜け出そうとする

「欲望」の脱コード化を野放しにすれば、社会は無秩序になるが欲望は「社会公理系」で調整される

まず、①「古代国家」は、土地や物品の「所有」という考え方ができてきた時代で、だれが富を所有するのかが決められていきました。つまり、「欲望」のコード化が行われた社会ということで、「コードの社会」と呼びます。

つぎの②「専制主義国家」は、富がすべていったん帝国のものとなり、それが臣民に分け与えられるという社会です。「欲望」のコード化はごく一部の人間にむけて行われるということで、これは「超コードの社会」と呼びます。

これに対し③「資本主義社会」では、無方向に散乱するという「欲望」の本来的な性質が強まる社会です。

社会のコード化に対して、そこから抜

け出そうとする「欲望」の力が強まります。だから資本主義社会は、「脱コードの社会」と呼びます。

「欲望」の脱コード化を野放しにしておけば、社会は無秩序になって自滅してしまいます。しかし、資本主義社会には「欲望」を調整するものとして、**「社会公理系」**というものが自然に備わっていると言います。

スキゾ／パラノイア

では、「社会公理系」とはどのようなものか？　このことを説明するため、ドゥルーズ＝ガタリは精神分析を用いました。

資本主義社会において、欲望の脱コード化というのは「スキゾフレニア（統合失調症）」に対応します。

反対に、一定の方向に秩序立てる社会公理系の働きは「パラノイア（妄想症）」に対応すると言います。

そして、本来人間がもつ「スキゾ」に対して、「パラノイア」を与える契機は、家庭における「エディプス関係」（父―母―子）にあると言います。

フロイトが唱えた「エディプス・コンプレックス」（P164参照）は、「父―母―子」の関係で、子がもつ母親との性交の願望（＝欲望）は、父親が虚勢するという幻想によって断念させるというものです。

仕方なく子は、性的関係を想像のなかで経験することになりますが、これは言い換えれば、欲望を想像の世界に抑圧するということです。これこそが「社会公理系」の働きで、「エディプス化」と呼びます。

つまり、現代人の内面には、**家庭のエディプス関係のなかで欲望を抑圧する**という作用が身につけられていて、この作用が「社会公理系」だということです。

ということは、欲望の「脱コード化」と「社会公理系」の対立は、ともに個人の内面のなかに植えつけられているということです。「社会公理系」というものが制度としてあるわけではありません。

これをもっと簡単に言うと、資本主義社会では個々人が自由に「欲望」を追い求めることができますが、一方で、社会生活を送るために自分で自然とブレーキをかけて調整して生きている、ということです。

コードの区分けで見ると、①「古代国家」や②「専制主義国家」では、人為的につくられた社会制度がコードの役割を果たしていましたが、私たちのいる③「資本主義社会」では、家庭の「エディプス関係」によってコード化されているということです。

ノマド的思考法

では、「スキゾ／パラノイア」の対立をかかえた現代人はどう生きるべきか？

これに対してドゥルーズは、**「ノマド」**として振る舞うことをすすめます。

「ノマド」とは、砂漠や草原などの空間に住む遊牧民のことです。よくこの「ノマド」を「移動」という観点でとらえて、「旅」と同じような意味でとらえることがありますが、これは間違いです。

「ノマド」においてドゥルーズが注目するのは、彼らが住む空間が柵や塀で囲まれていないことで、「だれの所有物にもなっていない」という点です。一般の定住民は、区画された土地に住み、閉じられた空間で、閉じられた交流を行いますが、これに対しノマドは、境界も囲い込みもない空間を漂い、開かれた交流を行います。

つまり、ノマドの生き方とは、「欲望の脱コード化＝スキゾ」を求めて境界を超えて漂い、新しい欲望を生み出すということです。

本来欲望には多様な可能性があるのでそれを生かしていくのです。

ドゥルーズの提唱した「リゾーム」型の生き方

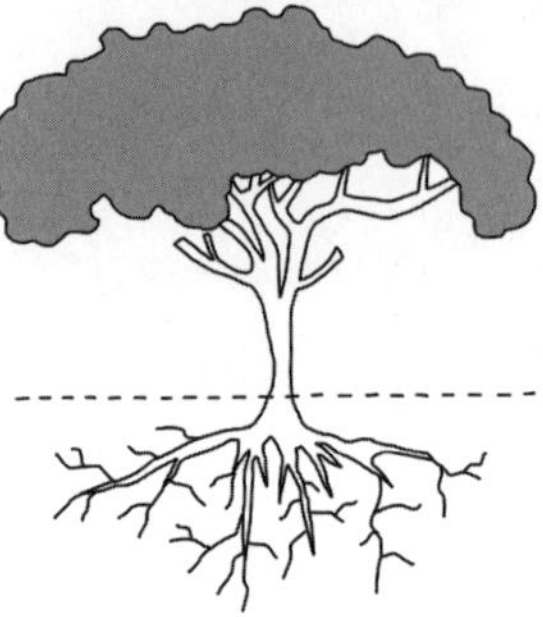
ツリー
樹木の幹のように
中心がはっきりと
しているシステム
リゾーム
樹木の根のように
自由自在に伸びて
いくシステム

インターネットの世界はリゾームそのもの

そのとき、社会公理系にからめとられてしまうまえに、そこを離れることが大事です。スキゾを求めながら、パラノイアにならないようにすること、これがノマドの考え方です。

21世紀のモデルはリゾーム

ノマドのような思考法は、『千のプラトー』の序文にある**「リゾーム」**という考え方にもつながります。

リゾームとは、地表の下に伸びてゆく根茎のことです。地表の**「樹木（ツリー）」**は、はじめと終わりがはっきりしています。

これに対し、リゾームには中心がなく、すすむ方向も力の大きさも無秩序なものです。リゾームは、多様な方向へと広がり、他のものと多様な形で連結します。

ドゥルーズ＝ガタリは、序列（中心化）システムの「ツリー」を拒否し、**非中心化システムの「リゾーム」をこれからのモデル**としました。

さまざまなジャンルが融合し、新しい要素を生み出していく。こうしたノマド的思考法によって、「リゾーム」が成長していきます。連結を無際限に、無限定に繰り返していくことで、「ツリー」を打ち崩していきます。

ジャンルや空間にしばられない、今日のインターネットで繰り広げられているさまざまな連携の仕方が、まさに「リゾーム」のイメージと言えます。

おわりに

哲学は、現実の社会と無関係に存在していると思われがちですが、自ら修正し、社会との関係を築きました。

哲学は、現実の生活にはなんの役にも立たないと思われがちですが、実用的な哲学も生まれています。

哲学には、西洋が一番優れているとする西洋中心主義がありますが、この間違いに自ら気づいて、修正しました。

このように、**自ら批判に批判を重ね、よく鍛えられた思想体系――**、これが西洋哲学ではないかと思います。教義などによって固定化された宗教とちがって、哲学はどんどん書き換えられ、派生していく面白さがあります。

そんな西洋哲学は、教養としてもっていることは重要です。とくに本場ヨーロッパでは、ちょっとインテリになると、哲学が身近な話題となります。

たんに教養としてとどめておくのではなく、西洋哲学の思考方法を使って、世の中を鋭く見通したり、実生活で活用させるのもいいでしょう。

たとえば、「草食系」という言葉。淡白な生き方をする男子について、とくに気にもとめませんでしたが、「草食系」という言葉が生まれたとたん、彼らの存在が意味をもちはじめました。ソシュール言語学に照らしていえば、「草食系」と呼ばれる男子はあらかじめ存在したのではなく、言葉づけによってはじめて生まれたと言えます。

また、仕事や勉強をするとき、ある限られたグループのなかにいるのではなく、いろいろなグループの人と交流することで、新しい発想が生まれてくることがあります。これはまさにドゥルーズのノマド的思考法で、とても有効に思えます。

このように西洋哲学は、アプリのように気軽に脳にインストールして、活用していくのがいいのだと思います。本書がその一助となることを願ってやみません。

最後に、本書をまとめるにあたり、彩図社の本井敏弘さまには大変お世話になりました。日頃のご理解とご助力に心から感謝いたします。

沢辺有司

主要参考文献

『ギリシア哲学入門』（岩田靖夫、筑摩書房）
『西洋哲学物語　哲学者たちのドラマティーク』（玉井茂、青木書店）
『哲学で自分をつくる　19人の哲学者の方法』（瀧本往人、東京書籍）
『西洋哲学史　パルメニデスからレヴィナスまで』（ドミニク・フォルシェー、川口茂雄、長谷川琢哉訳、白水社）
『この哲学者を見よ　名言でたどる西洋哲学史』（ピエトロ・エマヌエーレ、泉典子訳、中央公論新社）
『知の歴史　ビジュアル版哲学入門』（ブライアン・マギー、中川純男日本語版監修、BL出版）
『哲学大図鑑』（ウィル・バッキンガムほか、小須田健訳、三省堂）
『本当にわかる哲学』（山竹伸二、日本実業出版社）
『本当にわかる現代思想』（岡本裕一朗、日本実業出版社）
『美の思索家たち』（高階秀爾、青土社）

『哲学の歴史　第12巻（20世紀3）実存・構造・他者』（鷲田清一編、中央公論新社）
『西洋哲学史Ⅳ「哲学の現代」への回り道』（神崎繁、熊野純彦、鈴木泉編、講談社）
『現代思想の冒険者たちSelect　メルロ＝ポンティ　可逆性』（鷲田清一、講談社）
『バタイユ入門』（酒井健、筑摩書房）
『パンツをはいたサル』（栗本慎一郎、光文社）
『プラグマティズムの思想』（魚津郁夫、筑摩書房）
『現代思想の冒険』（竹田青嗣、筑摩書房）
『ヨーロッパ現代哲学への招待』（伊藤直樹、齋藤元紀、増田靖彦編著、梓出版社）
『現代思想フォーカス88』（木田元、新書館）
『現代思想の冒険者たちSelect　レヴィ＝ストロース　構造』（渡辺公三、講談社）
『ミシェル・フーコー　近代を裏から読む』（重田園江、筑摩書房）
『ミシェル・フーコー入門』（スマート・バリー、山本学訳、新曜社）
『権力と抵抗　フーコー・ドゥルーズ・デリダ・アルチュセール』（佐藤嘉幸、人文書院）
『現代思想の冒険者たちSelect　ドゥルーズ　ノマドロジー』（篠原資明、講談社）
『ドゥルーズ　キーワード89』（芳川泰久、堀千晶、せりか書房）

〈著者プロフィール〉

沢辺有司（さわべ・ゆうじ）

フリーライター。横浜国立大学教育学部総合芸術学科卒業。

在学中、アート・映画への哲学・思想的なアプローチを学ぶ。

編集プロダクション勤務を経て渡仏。パリで思索に耽る一方、アート、旅、歴史、語学を中心に書籍、雑誌の執筆・編集に携わる。現在、東京都在住。パリのカルチエ散歩マガジン『piéton(ぴえとん)』主宰。

著書に『西郷隆盛に学ぶ　最強の組織を作る100のルール』『図解　いちばんやさしい三大宗教の本』『図解　いちばんやさしい古事記の本』『図解　いちばんやさしい地政学の本』『ワケありな名画』『ワケありな本』『音楽家100の言葉』(いずれも彩図社)、『はじめるフランス語』(学研教育出版）などがある。

図解 いちばんやさしい哲学の本

平成30年3月13日　第1刷

著　者　沢辺有司

イラスト　梅脇かおり

発行人　山田有司

発行所　株式会社　彩図社《さいずしゃ》

〒170-0005　東京都豊島区南大塚3-24-4ＭＴビル
TEL:03-5985-8213
FAX:03-5985-8224

印刷所　新灯印刷株式会社

URL：http://www.saiz.co.jp
https://twitter.com/saiz_sha

ISBN978-4-8013-0284-6 C0110

本書は、平成25年4月に弊社より刊行された単行本を再編集し文庫化したものです。